VERS LA SAINTETÉ

VERS LA SAINTETÉ

4° édition

Samuel L. Brengle

EDITIONS FOI ET SAINTETÉ

Lenexa, Kansas (E.U.A.)

Publié par
Les Éditions Foi et Sainteté
17001 Prairie Star Parkway
Lenexa KS 66220 (E.U.A.)

Sauf indication contraire, les citations bibliques renvoient
à la version Segond. Les italiques et les parenthèses que
l'on rencontrera dans les textes bibliques son de l'auteur.

Quatrième édition francaise : 1984
Réimpression : 2009

ISBN 978-1-56344-335-0

DIGITAL PRINTING

AVANT-PROPOS À
LA QUATRIÈME ÉDITION

Pourquoi une nouvelle édition de *VERS LA SAIN-TETÉ*? Il y a plusieurs raisons à cela, mais nous nous contenterons d'en donner seulement quelques-unes.

L'une des raisons principales de cette quatrième édition est l'importance qu'attache **La Maison des Publications Nazaréennes**—la maison d'édition officielle de l'Eglise du Nazaréen—aux ouvrages traitant de la doctrine biblique de la sainteté. Et *VERS LA SAINTETÉ* se place—par son caractère pratique—entre une présentation théologique abstraite et une application de simple dévotion. La troisième édition, datant de 1955, étant épuisée, nous avons jugé bon de remettre ce classique en circulation. Des demandes réitérées, venant de plusieurs pays, nous ont par ailleurs encouragés dans cette voie.

Une deuxième raison est d'ordre confessionnel. *L'Armée du Salut* et *L'Eglise du Nazaréen* adhèrent toutes deux à l'interprétation wesleyenne de la sanctification comme une seconde oeuvre de grâce subséquente à la justification et accessible, par la foi, à tous les croyants. Le livre de Samuel Logan Brengle met en lumière cet aspect de la doctrine d'une façon telle que chaque croyant peut s'approprier l'expérience bénie, et recevoir dans sa plénitude l'Esprit de grâce et de vérité. *VERS LA SAINTETÉ*, en dépit des nombreuses illustrations dont se sert l'auteur, se référant à l'Armée du Salut, est donc un ouvrage qui transcende les lignes confessionnelles ordinairement acceptées. En raison du caractère fondamental et universel de la doctrine de la sanctification personnelle du croyant, ce livre s'adresse à tous les chrétiens de tous les horizons théologiques, car ils sont tous appelés à rechercher cette "sanctification, sans laquelle nul ne verra le Seigneur" (Hébreux 12:14).

Une dernière raison, enfin, est le caractère et la foi vivante de l'auteur. Né à Fredericksburg dans l'Indiana (E.U.A.) en 1860 et mort à New York en 1936, Samuel Logan Brengle a volontairement refusé une carrière brillante de pasteur méthodiste pour répondre à un appel plus élevé. Cet homme qui, au cours de son entraînement en Angleterre, cirait les bottes de ses compagnons salutistes—tout en pensant à Jésus lavant les pieds de Ses disciples—avait la profonde conviction que sa tâche, par-dessus tout, était "d'insister sur la sainteté du coeur et de la vie . . ." Il avait— selon son biographe, Clarence W. Hall,—"une passion—la sainteté: pour lui-même, pour l'Armée du Salut, pour le monde entier des disciples professants du saint Fils de Dieu" (*Portrait of a Prophet*, p. 78).

Cette passion, Brengle la communiquait partout où il allait, à travers les Etats-Unis comme dans les pays européens qu'il visitait. Devenu évangéliste, ils s'est servi de ses dons oratoires exceptionnels—acquis durant ses études à l'Université DePauw (il voulait d'abord devenir un avocat)— sous l'inspiration de l'Esprit, pour convier inlassablement les pécheurs au salut et les croyants à la sainteté.

La relation de Brengle avec son Seigneur était si étroite qu'il répandait autour de lui le parfum de la présence du Maître. A titre d'exemple, nous donnons l'illustration suivante tirée de sa biographie, *Portrait of a Prophet* (Portrait d'un prophète), p. 129:

"Au cours d'une réunion dans une certaine Eglise, une femme frappée de surdité était assise au premier rang; ne pouvant rien entendre, elle fixait les regards sur le visage de Brengle. Vers la fin de la réunion, elle pleurait tranquille-

ment, *et quand le moment de prier fut venu, elle s'approcha de l'autel et s'y agenouilla. Sa fille, pensant que sa mère avait peut-être recouvré l'ouïe, lui demanda: Avez-vous entendu le sermon? La mère répondit: Non, je n'ai rien entendu, mais j'ai vu Jésus sur le visage de cet homme.''*

Puissent les lecteurs de cette nouvelle édition voir aussi Jésus les conviant à la sainteté—cette perfection du caractère chrétien—à travers les pages de *VERS LA SAINTETÉ*. Car, quoique mort Brengle parle encore (Hébreux 11:4).

A part *VERS LA SAINTETÉ*, Brengle à écrit d'autres ouvrages qui malheureusement n'ont pas été traduits en français. Nous pensons à ces titres qui en disent long: *When The Holy Ghost Is Come* (Quand l'Esprit Saint est venu), *The Soul-Winner's Secret* (Le secret du gagneur d'âmes), *Resurrection, Life and Power* (Résurrection, vie et puissance).

Dans la préparation de cette nouvelle édition, nous nous sommes servis du texte de la troisième édition auquel nous avons apporté quelques corrections mineures, en nous référant au texte original. Nous avons, par ailleurs, conservé l'Introduction à la troisième édition, en raison de son importance.

Nous tenons à remercier ici M. Ron Cox, *chef de territoire* de L'Armée du Salut en France, pour ses bons offices. Par son intermédiaire, nous avons pu obtenir la permission officielle du Quartier Général, à Londres, rendant ainsi possible la publication de la présente édition. Nous la soumettons avec plaisir à la méditation de tous ceux dont l'âme ''a soif de Dieu, du Dieu vivant'' (Psaume 42:2).

—LES ÉDITEURS
Kansas City, Missouri

Juillet 1983

INTRODUCTION
À LA TROISIÈME ÉDITION

S'il est vrai que chaque peuple a sa physionomie particulière, il est également vrai que la vie moderne a rapproché à certains égards les pays les plus divers. Bien sûr la concorde ne règne pas pour autant; du moins se connaît-on un peu mieux!...

La guerre—en mêlant les combattants, les prisonniers, les réfugiés—a concouru, malgré tout ce qu'elle implique de navrant et de hideux, à multiplier les contacts humains. Il en est de même des tensions politiques, sociales et économiques, pour pénibles qu'elles soient. Le commerce et l'industrie, plus qu'à n'importe quel moment de l'histoire, relient les continents.

La littérature, l'écran et singulièrement la radio ont grandement facilité les échanges culturels et, du même coup, les rencontres religieuses.

Même la chanson a servi, sans le vouloir, la bonne cause: grâce à son infiltration sonore dans tous les milieux, nos cantiques, de structure anglo-saxonne, ne choquent plus autant l'oreille continentale. On sait que le jazz américain a acquis droit de cité dans notre vieille et classique Europe, et les fameux negro-spirituals jouissent aujourd'hui de la faveur, tant des mélomanes que des croyants du monde entier.

* * *

Voilà pourquoi un livre comme *Vers la Sainteté* a, chez nous, bien plus de chances d'être compris de nos jours qu'il y a vingt ou trente ans.

Ecrit par un Américain, dans les premières décennies du siècle, ce petit livre reflète assurément la mentalité pragmatique et utilitaire propre au pays de son auteur.

Mais ce qui donne à cette étude sur la sanctification personnelle du chrétien une valeur universellement humaine, c'est l'amour qui s'en dégage—clair et chaud—pour tout homme, quelles que soient sa race ou sa classe, quelles que soient aussi ses affirmations ou ses négations religieuses.

La foi de Brengle est assez rayonnante pour atteindre—à travers une expérience très personnelle et à certains égards exceptionnelle—l'âme de chacun.

Son Dieu est *universel*, précisément parce qu'Il se révèle individuellement.

* * *

Au-dessus de la doctrine et de la piété spécifiquement méthodistes (on sait que l'auteur a été tributaire de la théologie wesleyenne), on trouve dans *Vers la Sainteté* les accents des grands mystiques de la chrétienté. Ainsi ce témoignage hardi:*

"Le 9 janvier 1885, vers 9 heures du matin, Dieu sanctifia mon âme. J'étais à ce moment-là dans ma chambre, mais presque aussitôt je sortis et vis dans la rue un ami auquel je racontai ce que le Seigneur venait de faire pour moi..."

"...Dieu vit que mon intention était d'être fidèle jusqu'à la mort. Deux jours plus tard, au moment où je me levai et lus quelques-unes des paroles de Jésus, il répandit sur moi une bénédiction telle que je ne l'eusse jamais cru possible ici-bas. Un ciel d'amour était entré dans mon coeur.

*Extrait de l'Introduction de la deuxième édition.

Je me rendis avant le déjeuner dans un parc voisin, pleurant de joie et louant Dieu. Oh! combien j'aimais! A cette heure-là, je connus Jésus et ressentis pour Lui en tel amour qu'il me sembla que mon coeur allait en être brisé. J'aimais les moineaux, j'aimais les chiens, j'aimais les chevaux, j'aimais les gamins des rues, j'aimais les étrangers qui me coudoyaient, j'aimais les païens—j'aimais le monde entier . . ."

Ce sont là des accents franciscains, n'est-il pas vrai? . . .

Quarante ans après cette expérience initiale, l'homme de Dieu chante son Amour, sa Joie, sa Reconnaissance:

"Il a veillé sur ma bouche, inspirant mes paroles, afin que je pusse parler au monde de Jésus et de Son grand salut, pour instruire, encourager et sauver d'autres âmes. Il a été pour moi la lumière dans mes ténèbres, la force dans ma faiblesse, la sagesse dans la folie, la connaissance au sein de mon ignorance.

"Lorsque mon chemin semblait sans issue au milieu des tentations et des difficultés, Il m'a ouvert une voie, comme Il entrouvrit jadis les flots de la mer Rouge devant Israël.

"Mon coeur souffrait-il? Il m'a consolé; mon pied allait-il glisser? Il m'a soutenu; ma foi était-elle tremblante? Il m'a encouragé, dans la détresse, Il est venu à mon secours; quand j'avais faim, Il m'a nourri; quand j'avais soif, Il m'a désaltéré d'eau vive.

"Gloire à Dieu! Que n'a-t-Il pas fait! Que n'a-t-Il pas été pour moi! Oh! combien je voudrais Le faire connaître au monde!

"Il m'a montré que le péché seul peut me nuire et que la seule chose qui puisse me faire du bien dans ce monde c'est 'la foi qui est agissante par la charité' (Gal. 5:6). Il m'a enseigné à m'attendre à Jésus, par la foi, pour être sauvé de tout péché, de toute crainte, de toute honte; Il m'a appris à témoigner mon amour, en Lui obéissant en toutes choses et en

cherchant par tous les moyens à amener d'autres à Lui obéir.

"Je Le loue! Je L'adore! Je L'aime! Mon être entier Lui appartient pour le temps et pour l'éternité. Je ne suis plus à moi-même. Il peut faire de moi ce qu'Il jugera bon, car je suis à Lui. Je sais que ce qu'Il choisira sera pour mon bien éternel. Il est trop sage pour se tromper, trop bon pour me nuire. J'ai confiance en Lui, j'ai confiance en Lui, j'ai confiance en Lui! Mon attente est en Lui, non en l'homme ou en moi-même, mais en Lui. Il a été avec moi durant ces quarante ans; je sais qu'Il ne m'abandonnera jamais."

* * *

On se méprendrait en mettant cette joie spirituelle d'une intensité rare sur le compte d'un caractère particulièrement heureux, d'une santé invulnérable, d'un sort exceptionnellement favorisé. En réalité les épreuves ne furent jamais épargnées à Samuel Brengle: luttes morales, situations pénibles; plus d'une fois il fut tout près de la mort: accidents de route, maladies et opérations graves; sur le déclin, il perdit presque totalement la vue. Sa femme, joie et soutien de son apostolat, lui fut enlevée alors que lui-même se trouvait cloué à un lit de souffrance. Mais, tenté et éprouvé, peut-être au-delà du commun, il garda jusqu'au bout son inaltérable confiance en Celui qui sauve et sanctifie.

Vivant près de son Dieu, il était aussi très près des hommes. A son contact nul ne se sentait écrasé. Il savait rire. Son regard pouvait refléter autant d'amour que d'humour.

Evitant les controverses, il laissait à chacun la responsabilité de ses opinions. Quant à lui, il était toujours prêt à confesser sa foi et à apporter son témoignage.

Depuis sa tendre enfance il connaissait et aimait l'Ecriture Sainte. Avec le temps, il devint docteur en théologie.

Pasteur méthodiste, dont les succès oratoires promettaient un avenir brillant, il fut mystérieusement détourné d'une vie relativement facile, pour s'engager dans la voie d'aventure, de privations et d'humiliation qu'était, à l'époque, celle des officiers de l'Armée du Salut, en Amérique comme partout ailleurs. (A sa manière n'a-t-il pas épousé, lui aussi, "Dame Pauvreté"? . . .)

* * *

Auteur de plusieurs ouvrages religieux, tous destinés à aider les chrétiens dans leur marche ascendante, il commença sa carrière d'écrivain à l'âge mûr, par suite d'un accident qui aurait pu lui être fatal.

Alors qu'il était capitaine d'un poste d'évangélisation à Boston, un homme excité par la boisson lui lança une brique. Gravement atteint à la tête, il dut s'aliter pour de longs mois. C'est alors que, voulant se rendre utile, Brengle envoya quelques articles aux journaux salutistes. Pouvait-il se douter que ses articles d'abord, puis ses livres feraient un jour le tour du monde? Rapidement répandus dans les pays anglo-saxons, ils furent également traduits en plusieurs langues européennes et orientales. En vérité, comment ne pas bénir la brique meurtrière? . . . cette fameuse brique sur laquelle—revanche, doublement spirituelle, de la vaillante femme du blessé—celle-ci écrivit de sa main les sereines paroles d'un patriarche biblique: *Vous aviez médité de me faire du mal: Dieu l'a changé en bien . . . pour sauver la vie à un peuple nombreux* (Gen. 50:20). Prophétie pleinement réalisée, si l'on songe à ces dizaines de milliers d'hommes et de femmes, dans différents pays, devant lesquels s'ouvrirent les perspectives de la vie sainte, grâce au témoignage de Samuel Brengle.

Certes, il ne faut pas idéaliser un homme (la Bible ne le

fait jamais). Il faut se garder de confondre les expériences et les interprétations personnelles avec la Révélation *unique*. Mais nous avons le droit et le devoir de perpétuer la mémoire de nos devanciers tels que le commissaire Brengle. Car leur lumineuse expérience enrichit notre patrimoine spirituel. Et non seulement le nôtre, en tant qu'Armée du Salut, mais encore celui de l'Eglise Universelle qui s'alimente sans cesse aux sources pures de la Consécration.

* * *

Encore un mot d'avertissement, destiné surtout aux jeunes salutistes et autres chrétiens qui sans cela risqueraient peut-être de tomber dans quelques pénibles méprises.

Dieu trouva Samuel Brengle dans une nation et à une époque déterminées; comme tous les hommes, il parla le langage de son temps. Cela ne signifie pas qu'il n'ait plus rien à dire aux nouvelles générations. (Est-ce que les grands croyants des temps reculés n'ont plus rien à dire? Un Wesley, un Pascal, un Calvin, un Saint Augustin? . . . Seulement pour bien assimiler leur message, il faut savoir les situer dans leur propre cadre psychologique et historique, pour faire ensuite certaines *transpositions* nécessaires).

Pour revenir à notre auteur, plutôt que de vouloir *copier* servilement (et naïvement) son expérience, apprenons de lui *comment nous mettre à l'écoute de Dieu*, pour recevoir des directives personnelles, conformes à l'Ecriture Sainte.

* * *

Nous ne pourrions mieux conclure qu'en nous référant à la remarque qui, dans le livre des Doctrines de l'Armée du Salut introduit le chapitre sur la "*Vie Sainte*":

"Ce très important sujet est de ceux qui se prêtent le plus difficilement à un exposé méthodique et concis. Il n'est pas de formule parfaite dans cet enseignement. Dieu mène les siens par des voies diverses vers l'accomplissement de Son dessein pour chacun d'eux et ce dessein est leur sanctification." (*Doctrine*, édition 1952, p. 115).

Et maintenant, puisse le livre que voici nous aider à nous pénétrer—dans une docilité éclairée et une totale disponibilité—de cette annonce merveilleuse: Le Dieu "trois fois saint" *veut la sanctification* de Ses enfants à qui la grâce est faite de savoir leur nom "écrit dans les cieux".

Paris, Mars 1955
V. Dolghin
Rédacteur en chef

CHAPITRE 1

La sainteté:
En quoi consiste-t-elle?

Ceux qui me disent: Seigneur, Seigneur! n'en-
treront pas tous dans le royaume des cieux, mais
celui-là seul qui fait la volonté de mon Père qui
est dans les cieux.

(Matthieu 7:21)

"Ce que Dieu veut, c'est votre sanctification...Car Dieu ne nous a pas appelés à l'impureté, mais à la sanctification" (1 Thes. 4:3, 7) et "Recherchez...la sanctification, sans laquelle personne ne verra le Seigneur" (Héb. 12:14). C'est pourquoi: "... soyez saints ...!" (1 Pi. 1:15).

Dieu attend de Son peuple qu'il soit saint. Tel est l'enseignement que découvrira sans peine dans la Bible quiconque la lit avec sincérité, "n'altérant point la parole de Dieu". Nous devons être saints afin d'être heureux et utiles ici-bas, et d'entrer ensuite dans le Royaume des Cieux.

Une fois convaincu de la volonté de Dieu et des affirmations de Sa Parole à cet égard, l'homme sincère se demandera ensuite: "Mais qu'est-ce que la sainteté? Quand en ferai-je l'expérience, et de quelle manière?"

Les réponses à ces questions varient à l'infini. Cependant, pour quiconque cherche honnêtement la vérité, la Bible est simple et claire sur chacun de ces points. Elle définit la sainteté comme étant la délivrance parfaite du péché. "Le sang de Jésus son Fils nous purifie de TOUT péché" (1 Jn. 1:7). Il n'en reste plus une parcelle, car le vieil homme est crucifié, "afin que le corps du péché fût détruit, pour que nous ne soyons plus esclaves du péché; car celui qui est mort est libre du péché" (Rom. 6:6-7).

Nous devons désormais nous regarder "comme morts au péché et comme vivants pour Dieu, en Jésus-Christ" (Rom. 6:11).

La Bible nous dit aussi que sainteté signifie "amour parfait" (1 Jn. 4:18), bannissant du coeur, par sa nature même, toute haine, toute animosité contraire à l'amour, de même que doit disparaître toute l'huile contenue dans une coupe qu'on veut remplir d'eau.

Ainsi, la sainteté est un état dans lequel ne subsistent ni colère, ni malice, ni blasphème, ni hypocrisie, ni envie, ni amour du confort, ni désir de la bonne opinion des hommes, ni honte de la croix, ni mondanité, ni tromperie, ni discorde, ni convoitise, ni aucun mauvais désir ou penchant.

C'est un état d'où sont désormais bannis le doute et la crainte.

C'est un état dans lequel l'homme aime Dieu et se confie pleinement en Lui.

Mais si le coeur peut être parfait, il ne s'ensuit pas que les facultés intellectuelles le soient aussi. A cause des imperfections de sa mémoire, de son jugement, de sa raison, l'homme peut donc commettre des erreurs. Mais Dieu qui regarde à la sincérité de ses intentions, à l'amour et à la foi de son coeur, le considère saint.

La sainteté n'est donc pas la perfection absolue qui

n'appartient qu'à Dieu; ce n'est pas davantage une perfection angélique, ni celle que possédait, sans aucun doute, Adam, parfait de coeur et d'esprit, avant de pécher contre Dieu. Mais c'est la perfection chrétienne, cette perfection et cette obéissance du coeur qu'on peut attendre d'un être vil et déchu, secouru par la toute-puissance et la grâce divines.

Elle consiste *à être et faire en tout temps*—non par élans seulement, mais d'une manière constante—ce que Dieu désire que nous soyons et fassions.

Jésus a dit: "Tout bon arbre porte de bons fruits" (Mat. 7:17). Un pommier demeurera toujours un pommier et ne pourra produire autre chose que des pommes. Ainsi la sainteté est ce renouvellement parfait de notre nature qui nous rend essentiellement bons, de sorte que nous portons continuellement des fruits pour Dieu—les fruits de l'Esprit qui sont "l'amour, la joie, la paix, la patience, la bonté, la bénignité, la fidélité, la douceur, la tempérance" (Gal. 5:22)— sans que jamais la moindre oeuvre de la chair se glisse parmi ces fruits célestes.

Gloire à Dieu! Ici-bas déjà, dans ce monde où Satan et le péché ont causé notre ruine, le Fils de Dieu peut nous transformer ainsi, nous rendant capables de nous "dépouiller . . . du vieil homme" et de ses oeuvres et de "revêtir l'homme nouveau créé selon Dieu dans une justice et une sainteté que produit la vérité" (Eph. 4:21-24), l'homme nouveau "qui se renouvelle dans la connaissance, selon l'image de Celui qui l'a créé" (Col. 3:10).

On objectera sans doute: "Oui, tout ce que vous dites est vrai, mais je ne crois pas qu'il soit possible de parvenir à cet état de sainteté avant l'heure de la mort. La vie du chrétien est une vie de luttes, et nous devons soutenir le bon combat de la foi jusqu'à l'heure dernière; alors Dieu nous accordera la grâce suprême".

Nombre de chrétiens sincères partagent cette manière de voir. Par suite, ils ne font aucun effort réel pour devenir "parfaits et pleinement persuadés" (Col. 4:12) en tout ce qui est pour eux "la volonté de Dieu". Tout en répétant journellement dans leurs prières: "Que ton règne vienne; que ta volonté soit faite sur la terre comme au ciel" (Mat. 6:10), ils ne croient pas à la possibilité de faire la volonté de Dieu. Ils font ainsi de Jésus l'auteur d'une prière chimérique dont on prononce sans fin les mots en pure perte.

Cependant, je puis être et faire ce que Dieu demande journellement de moi ici-bas, aussi aisément que l'archange Gabriel peut être et faire ce que Dieu demande de lui dans les cieux. Sinon, où seraient la justice et la bonté de Dieu dans Ses exigences à mon égard? Il attend de moi que je L'aime et Le serve de tout mon coeur et l'archange Gabriel lui-même ne peut faire davantage; or, par la grâce de Dieu, je le puis aussi bien que l'archange.

En outre, la promesse de Dieu est là: "Si tu reviens à l'Eternel, ton Dieu, et si tu obéis à sa voix de tout ton coeur et de toute ton âme . . . l'Eternel, ton Dieu circoncira ton coeur et le coeur de ta postérité, et tu aimeras l'Eternel, ton Dieu de tout ton coeur et de toute ton âme, afin que tu vives" (Deut. 30:1, 2, 6).

Ailleurs, Il nous promet que, "délivrés de la main de nos ennemis", nous pourrons Le servir "sans crainte, en marchant devant Lui dans la sainteté et dans la justice tous les jours de notre vie" (Luc 1:74-75). Cette promesse en elle-même devrait convaincre toute âme sincère que Dieu veut que nous soyons saints dès ici-bas.

Le bon combat de la foi est le combat livré pour garder cette bénédiction malgré les assauts de Satan, les obscurités du doute, les attaques d'une Eglise incrédule et celles d'un monde ignorant et sceptique.

Ce n'est pas contre nous-mêmes que nous devons combattre après avoir été sanctifiés; car saint Paul déclare expressément que "nous n'avons pas à lutter contre la chair et le sang, mais contre les dominations, contre les autorités, contre les princes de ce monde de ténèbres, contre les esprits méchants dans les lieux célestes" (Eph. 6:12).

Encore une fois, dans toute la Parole de Dieu, aucun texte ne prouve que cette bénédiction ne puisse être accordée avant la mort. Accepter des mains de Dieu la grâce qu'Il offre pour *vivre saintement*, c'est assurément le seul moyen de s'assurer celle de *mourir saintement*.

Au reste, la Bible déclare expressément que "Dieu peut vous combler de toutes sortes de grâces, afin que, possédant toujours en toutes choses de quoi satisfaire à tous vos besoins, vous ayez encore en abondance pour toute bonne oeuvre" (2 Cor. 9:8). Puisque les bonnes oeuvres doivent s'accomplir pendant cette vie, ce n'est pas seulement à l'heure de la mort que la grâce nous est nécessaire.

CHAPITRE 2

La sainteté: Comment l'obtenir?

Mon peuple est détruit, parce qu'il lui manque la connaissance.

(Osée 4:6)

... la vie éternelle, c'est qu'ils te connaissent, toi, le seul vrai Dieu, et celui que tu as envoyé, Jésus-Christ.

(Jean 17:3)

Un professeur, âgé de plus de quatre-vingt ans, disait, un jour, dans une réunion de sainteté: "Je crois à la sainteté; mais je ne crois pas qu'elle s'acquiert tout d'un coup, comme vous le prétendez. Je crois que c'est une oeuvre progressive".

Des milliers d'hommes n'ont pas connu la glorieuse expérience de la sainteté à cause de cette erreur très répandue, s'ajoutant à celle qui fait dépendre de la mort la libération du péché et la réalisation de la sainteté. Une telle erreur empêche de reconnaître le caractère odieux du péché, et méconnaît, en outre, le simple moyen de la foi, le seul par lequel il peut être détruit.

La sanctification complète est à la fois une *soustraction* et une *addition*.

Tout d'abord, l'âme est purifiée en "rejetant toute malice et toute ruse, la dissimulation, l'envie, et toute médisance" (1 Pi. 2:1), en un mot, tout mauvais sentiment et tout désir égoïste contraire à l'esprit du Christ. De nature, cette oeuvre de sanctification ne peut être le résultat d'une croissance; pour croître, il faut recevoir, tandis que, pour être purifié, il faut perdre. La Bible dit: ". . . renoncez à toutes ces choses, à la colère, à l'animosité, à la méchanceté, à la calomnie, aux paroles déshonnêtes" (Col. 3:8). L'apôtre parle de ces choses comme devant être enlevées par l'homme, de la même manière qu'il enlève son habit. Ce n'est pas en plusieurs fois qu'un homme ôte son vêtement, mais par un effort volontaire et immédiat de tout son corps. C'est là une *soustraction*.

Mais l'apôtre ajoute: ". . . comme des élus de Dieu, saints et bien-aimés, revêtez-vous d'entrailles de miséricorde, de bonté, d'humilité, de douceur, de patience" (Col. 3:12). Ce n'est pas non plus en plusieurs fois qu'un homme met son habit, mais par un effort semblable de tout son corps.

Un homme peut grandir *dans* son habit (jusqu'à ce qu'il devienne trop petit), mais pas *vers* son habit; il doit d'abord le mettre. De même, un homme peut "croître *dans* la grâce" mais pas *vers* la grâce. Un homme peut nager *dans* l'eau mais pas *vers* l'eau.

Ce n'est pas progressivement que vous enlevez les mauvaises herbes de votre jardin, mais en les arrachant complètement et d'un seul coup par un usage vigoureux du sarcloir et du râteau.

Ce n'est pas progressivement que le cher petit enfant, qui a taché son vêtement en se roulant dans la cour avec le chat et le chien, sera nettoyé. Il pourrait grandir jusqu'à l'état d'homme fait et rester sale. C'est en le lavant d'un trait avec de l'eau pure que vous le rendrez présentable.

Ainsi la Bible dit: "A celui qui nous aime, qui nous a délivrés de nos péchés par son sang" (Ap. 1:5). "Le sang de Jésus son Fils nous purifie de tout péché" (1 Jn. 1:7). C'est aussi ce que dit notre cantique:

> *O Jésus, Ton sang précieux*
> *A lavé mon iniquité!*
> *Oui, Tu m'as répondu des cieux,*
> *Ton amour m'a tout pardonné.*
> *Je Te contemple et je puis croire*
> *Qu'en Toi j'ai complète victoire . . .*
> *Au pied de Ta croix, maintenant,*
> *Je me relève triomphant!*

Tout cela fut expliqué au professeur en question. Avec soixante années d'expérience chrétienne derrière lui se trouvait-il plus près d'obtenir le don inestimable d'un coeur pur qu'aux premiers jours de sa vie chrétienne? Il reconnut honnêtement que non.

On lui demanda alors s'il n'estimait pas que soixante ans fussent une période assez longue pour prouver l'exactitude de sa théorie au cas où elle serait vraie. Il l'admit et consentit à demander sur-le-champ la bénédiction de la sainteté.

Il ne l'obtint pas en cette première soirée; mais il revint le soir suivant. A genoux depuis cinq minutes à peine, il se releva et les bras étendus, les joues ruisselantes de larmes, le visage rayonnant d'une clarté céleste, il s'écria: Autant l'Orient est éloigné de l'Occident, autant il a éloigné de moi mes transgressions (Ps. 103:12). Il rendit témoignage quelque temps encore de cette merveilleuse grâce de Dieu en

Christ; puis s'en alla triomphant, dans le sein de ce Dieu que nul ne verra sans la sanctification.

—Mais, me disait un homme que je pressais de rechercher à l'instant la sainteté, je l'ai obtenue au moment de ma conversion. Dieu ne fait pas les choses à moitié. Son oeuvre en moi a été complète lorsqu'Il m'a sauvé.

—Assurément, Dieu fait une oeuvre parfaite. En vous convertissant, Il vous a pardonné tous vos péchés; Il les a effacés comme une nuée (Esa. 44:22), afin de ne plus se souvenir de vos péchés (Jér. 31:34); Il vous a adopté comme membre de Sa famille et vous a donné Son Saint-Esprit, afin qu'Il vous rende témoignage de cette présente grâce. Cette assurance vous a rendu plus heureux que l'annonce d'un héritage de plusieurs millions, ou de votre nomination à une haute position officielle, car elle vous a fait héritier de Dieu et cohéritier de notre Seigneur Jésus-Christ (Rom. 8:17). Gloire à Dieu! Quelle grande chose que la conversion! Mais, mon frère, êtes-vous délivré de toute impatience, de toute colère et autres péchés semblables? Vivez-vous une vie sainte?

—Je ne considère pas la question exactement comme vous, reprit-il. Je ne crois pas que nous puissions, en cette vie, être délivrés de toute impatience et de toute colère.

Et comme j'insistais sur ce point, il finit par éluder la question et contredire sa propre assertion d'être entré en possession de la sainteté au moment de sa conversion. Comme l'écrivait quelqu'un: "Il nierait la maladie plutôt que de prendre le remède".

Le fait est que ni la Bible, ni l'expérience ne prouvent que salut et sainteté s'accomplissent simultanément, bien au contraire. L'homme qui se convertit reçoit, avec le pardon de ses péchées l'assurance de son entrée dans la famille de Dieu. Ses désirs changent alors d'orientation. Mais, bien vite, il s'aperçoit que sa patience est mêlée d'humeur, sa bonté de colère, sa douceur d'irritation (sentiments qui procèdent du coeur et dont lui-même a pleinement conscience, même s'ils passent inaperçus pour le monde), son humilité d'orgueil, sa fidélité à Jésus alliée à la honte de la croix. En un mot, il trouve les fruits de l'Esprit et les oeuvres de la chair mélangés en lui à des degrés divers.

Cet état de choses cessera quand son coeur sera purifié; ce qui exige une oeuvre nouvelle de la grâce, précédée d'une consécration absolue et d'un acte de foi aussi défini que celui dont sa conversion dépendait.

Après sa conversion, son ancienne nature pécheresse est semblable à un arbre coupé dont le tronc reste encore en terre. L'arbre lui-même ne causera plus d'ennuis, mais, si l'on n'y prend garde, de petits rejetons continueront à sortir du tronc. Faire sauter la souche à la dynamite sera le moyen radical d'en finir.

Dieu veut, de même, placer dans toute âme convertie la dynamite du Saint-Esprit—le mot dynamite, dérivé du grec, signifie puissance (Ac. 1:8)—afin d'en finir pour toujours avec l'ancienne et embarrassante nature pécheresse, de sorte qu'on puisse dire en toute vérité: "Les choses anciennes sont passées; voici, toutes choses sont devenues nouvelles" (2 Cor. 5:17).

C'est précisément ce que Dieu fit pour les apôtres le jour de la Pentecôte. Pourtant, personne ne peut nier qu'ils étaient déjà convertis, puisque Jésus Lui-même leur avait dit: "Réjouissez-vous de ce que vos noms sont écrits dans les cieux" (Luc 10:20). Or, le nom d'un homme s'inscrit dans les cieux seulement après sa conversion.

C'est d'eux aussi que Jésus avait dit: ". . . ils ne sont pas du monde, comme moi je ne suis pas du monde" (Jn. 17:14), ce qui ne pouvait s'appliquer à des inconvertis. Nous devons donc en conclure que les apôtres étaient déjà convertis, mais n'avaient pas reçu la bénédiction d'un coeur pur avant la Pentecôte.

Or, ils la reçurent en ce jour-là. Pierre le déclare de la façon la plus claire lorsqu'il dit (Ac. 15:8-9): "Et Dieu, qui connaît les coeurs, leur a rendu témoignage, en leur donnant le Saint-Esprit comme à nous; Il n'a fait aucune différence entre nous et eux, ayant purifié leurs coeurs par la foi."

Jusqu'alors, Pierre était tantôt plein de présomption, tantôt rempli de crainte. Un jour, il s'écrie: "Quand tu serais pour tous une occasion de chute, te ne le seras jamais pour moi. Quand il me faudrait mourir avec toi, je ne te renierai pas" (Mat. 26:33, 35). Peu de temps après, quand la foule s'avance pour saisir son Maître, il attaque hardiment et combat avec son épée; le lendemain, l'excitation passée, et l'enthousiasme éteint, il se laisse intimider par une servante, au point de faire des imprécations et de renier par trois fois son Maître!

Ne s'en trouve-t-il pas parmi nous qui se montrent de même pleins de courage au milieu de l'entrain général et quand tout leur est favorable? Ils pourront encore, à l'occasion, faire front aux adversaires et riposter en jouant du poing*; mais ils n'ont pas le courage de porter l'uniforme à l'atelier, de peur d'encourir le mépris de leurs compagnons et les railleries des gamins de la rue. De tels soldats aiment la parade, mais reculent devant une vraie mêlée.

Le jour de la Pentecôte, Pierre eut la victoire; la puissance du Saint-Esprit entra en lui. Il reçut un coeur pur d'où l'amour parfait avait banni la crainte. Aussi, après son emprisonnement, recevant du Sanhédrin l'interdiction de prêcher à nouveau dans les rues, l'apôtre répondit: "Jugez s'il est juste, devant Dieu, de vous obéir plutôt qu'à Dieu;

*Allusion aux persécutions subies par les salutistes des premiers jours.

29

car nous ne pouvons pas ne pas parler de ce que nous avons vu et entendu" (Ac. 4:19-20). Dès sa libération, on le retrouvait dans les rues, annonçant la bonne nouvelle d'un salut parfait.

Après cela, Pierre fut pour jamais à l'abri de la crainte, et l'orgueil spirituel n'eut plus de prise sur lui; aussi, lors de la guérison du paralytique, put-il s'écrier devant le peuple étonné, accouru autour de lui: "Hommes Israélites, pourquoi vous étonnez-vous de cela? Pourquoi avez-vous les regards fixés sur nous, comme si c'était par notre propre puissance ou par notre piété que nous eussions fait marcher cet homme? . . . Le Dieu de nos pères a glorifié son serviteur Jésus . . . C'est par la foi en son nom que son nom a raffermi celui que vous voyez et connaissez; c'est la foi en lui qui a donné à cet homme cette entière guérison" (Ac. 3:12, 13, 16).

Il ne resta plus rien chez l'apôtre de cette violence qui lui fit couper l'oreille du soldat lors de l'arrestation de Jésus; mais il s'arma de la pensée qui est en Christ (1 Pi. 4:1), en disciple de Celui qui nous a laissé un exemple, afin que nous suivions ses traces (1 Pi. 2:21).

"Mais, nous ne pouvons recevoir ce que reçut Pierre le jour de la Pentecôte", m'écrivait un jour, quelqu'un. Cependant, au cours de la grande prédication qu'il fit entendre ce jour-là, Pierre déclara lui-même: ". . . vous recevrez le don du Saint-Esprit; car la promesse est pour vous, pour vos enfants, et pour tous ceux qui sont au loin"—même dans dix-neuf cents ans—"en aussi grand nombre que le Seigneur notre Dieu les appellera" (Ac. 2:38-39). Tout enfant de Dieu peut donc l'obtenir en se donnant entièrement à Dieu et en le demandant avec foi: "Demandez, et l'on vous donnera; cherchez, et vous trouverez . . . si donc, méchants comme vous l'êtes, vous savez donner de bonnes choses à vos enfants, à combien plus forte raison le Père céleste donnera-t-il le Saint-Esprit à ceux qui le lui demandent'' (Luc 11:9-13).

Cherchez-Le de tout votre coeur et vous Le trouverez, Car Dieu l'a dit et Il attend de pouvoir se donner à vous.

Un jeune homme, se préparant à devenir officier de l'Armée du Salut, sentit la nécessité d'avoir un coeur pur. Après la réunion, il rentra chez lui, prit sa Bible, lut le second chapitre des Actes, à genoux devant son lit, et dit au Seigneur qu'il ne se relèverait point avant d'avoir reçu un coeur pur rempli du Saint-Esprit. Il n'avait pas prié longtemps que le Seigneur vint soudainement à lui et le remplit de sa gloire; le visage du jeune homme resplendissait et son témoignage embrasait les coeurs depuis cet exaucement.

Vous pouvez, de même, obtenir cette grâce en vous tenant devant le Seigneur, animé d'un esprit et d'une foi semblables. Il fera pour vous, par la puissance qui agit en vous, infiniment au delà de tout ce que vous demandez et pensez (Eph. 3:20).

CHAPITRE 3

Obstacles à la sainteté

La sainteté ne court pas les rues à la recherche des oisifs, comme semblait le croire un chrétien paresseux qui pensait que cette bénédiction lui "viendrait d'elle-même quelque jour". A quoi une camarade lui répondit fort à propos: "Autant attendre que la salle de réunion vienne à vous".

Il est certain que maints obstacles barrent à beaucoup le chemin de la sainteté; mais vous, qui la recherchez, rejetez pour jamais la pensée qu'un seul de ces obstacles vienne de Dieu ou des circonstances particulières dans lesquelles vous vous trouvez. C'est en vous qu'ils résident, aussi nombreux soient-ils. Ceci posé, c'est donc le comble de la folie d'attendre paisiblement, les mains jointes, que cette glorieuse expérience vienne à vous. Croyez-moi, elle ne viendra *pas* plus à vous qu'une récolte de pommes de terre n'ira au-devant du paresseux qui, assis à l'ombre, ne se sert de sa bêche ni au printemps, ni en été. La règle dans le monde spirituel est: "Si quelqu'un ne veut pas travailler, qu'il ne mange pas non plus" (2 Thes. 3:10), et "Ce qu'un homme aura semé, il le moissonnera aussi" (Gal. 6:7).

La sagesse consiste donc à découvrir le nombre et la nature de ces obstacles. Pour cela, il faudra se livrer à une étude systématique de la Parole de Dieu, s'adonner à la prière avec persévérance, s'examiner avec sévérité, renoncer à soi-même, obéir joyeusement à toute la lumière de Dieu, et fréquenter assidûment les réunions chrétiennes.

Puis, une fois ces obstacles découverts, il faudra les écarter, avec l'aide de Dieu, dût-il en coûter autant que de se couper la main droite ou s'arracher l'oeil droit!

Or, la Bible, confirmée par le témoignage et l'expérience de tous les saints, nous dit que les deux principaux obstacles à la sainteté sont: premièrement, *une consécration incomplète*; deuxièmement, *une foi imparfaite*.

Avant que l'horloger puisse nettoyer et régler ma montre, je dois la lui confier; pour que le docteur puisse me guérir, je dois prendre son remède selon ses indications. Pour qu'un capitaine puisse me conduire à travers un océan où nulle route n'est tracée, je dois monter à bord de son vaisseau et y rester. De même, si je veux que mon coeur soit purifié, contrôlé dans toutes ses manifestations, que mon âme—tarée par le péché—soit guérie; si je désire que le Seigneur me conduise sain et sauf de l'océan du temps dans celui, plus vaste encore, de l'éternité, je dois me remettre entièrement entre ses mains et y demeurer. En d'autres termes, je dois faire ce qu'Il me dit et Lui être entièrement consacré.

Une capitaine de l'Armée du Salut, priant avec ses soldats, chantait:

Partout avec Jésus, je Le suivrai partout.

Mais elle ajoutait en elle-même: ''Seigneur, partout, excepté à X . . .''.

Sa consécration était imparfaite; elle a, depuis, quitté les rangs. Jésus ne pouvait ni la purifier, ni la garder, puisqu'elle n'était pas prête à tout par amour pour Lui . . .

Il y a quelque temps, un pauvre rétrograde me disait qu'il savait bien qu'à un moment donné il aurait dû renoncer au tabac. Dieu lui demandait ce sacrifice; mais il continuait à fumer en secret. Sa consécration imparfaite le retint loin de la sainteté et le conduisit à la ruine; c'est aujourd'hui un malheureux ivrogne qui s'achemine vers l'enfer. Il y avait dans son coeur une secrète déloyauté et Dieu ne pouvait ni le purifier ni le garder.

Le Seigneur demande de vous une parfaite loyauté intérieure, non seulement pour Sa gloire, mais aussi pour votre bien; car, si vous voulez bien comprendre, la plus grande gloire de Dieu et votre plus grand bien sont une seule et même chose.

La consécration consiste à se dépouiller entièrement de sa volonté propre, de ses dispositions, de son caractère, de ses désirs, de ses sympathies et antipathies, et à se revêtir de la volonté, des dispositions, du caractère, des sympathies et des antipathies du Christ. En un mot, la consécration consiste à se dépouiller de soi-même pour se revêtir du Christ, à renoncer, en toutes choses, à sa volonté propre pour faire la la volonté de Jésus-Christ. Cela peut paraître presque impossible et très désagréable à un coeur non sanctifié, mais si votre intention est d'accomplir un travail qui demeure, et si vous fixez résolument vos regards sur la porte étroite par laquelle il y en a peu qui entrent, si vous dites au Seigneur que vous voulez marcher dans ce chemin-là, dût-il vous en coûter la vie, le Saint-Esprit vous montrera bientôt qu'il est non seulement possible, mais facile, et agréable, de vous abandonner ainsi à Dieu.

Le second obstacle sur la route de celui qui recherche la sainteté est *une foi imparfaite.* Quand Paul écrivait aux *salutistes* de Thessalonique, il les louait d'être en exemple à tous les croyants, tant en Macédoine qu'en Achaïe, ajoutant: "Votre foi en Dieu s'est fait connaître en tout lieu" (1 Thes. 1:7-8).

Cette Eglise était la plus vivante de la chrétienté, sa foi réelle et solide lui permit d'endurer la persécution, comme nous le voyons dans la première Epître aux Thessaloniciens (chap. 1:6; 2:14 et 3:2-5); de sorte que Paul pouvait dire: "... au milieu de toutes nos calamités et de nos tribulations, nous avons été consolés à votre sujet, à cause de votre foi" (chap. 3:7). Foi solide sans doute, mais incomplète puisque Paul ajoute: "Nuit et jour nous le prions avec une extrême ardeur de nous permettre de vous voir, et de compléter ce qui manque à votre foi" (1 Thes. 3:10).

Or, s'ils n'étaient pas sanctifiés, c'est que leur foi était imparfaite; c'est pourquoi l'apôtre termine sa lettre par ces mots: "Que le Dieu de paix vous sanctifie lui-même tout entiers" (1 Thes. 5:23).

Tous ceux qui sont nés de Dieu et tiennent du Saint-Esprit le témoignage de leur justification, savent parfaitement bien que ce n'est point par leurs bonnes oeuvres, ni par un développement graduel qu'ils ont été sauvés, mais par la grâce qui s'obtient par la foi (Eph. 2:8-9), tandis que beaucoup de gens paraissent s'imaginer que nous croissons vers la sanctification—ou que nous l'obtenons—par nos propres oeuvres. Pourtant le Seigneur Lui-même a résolu cette question de la manière la plus claire. Ne dit-Il pas à Paul qu'Il l'envoie vers les païens afin de leur ouvrir les yeux, pour qu'ils passent des ténèbres à la lumière et de la puissance de Satan à Dieu, pour qu'ils reçoivent, par la foi en Lui, le pardon des péchés et l'héritage avec les sanctifiés (Ac. 26:18). Ce n'était point par leurs oeuvres, ni graduellement qu'ils devaient être rendus saints, mais par la foi.

Si donc vous voulez être saints, vous devez vous approcher de Dieu "... avec un coeur sincère, dans la plénitude de la foi ..." (Héb. 10:22), et si vous attendez patiemment, en vous tenant devant Lui, cette oeuvre merveilleuse s'accomplira.

La consécration et la foi sont du domaine du coeur et,

pour beaucoup, c'est là que gît la difficulté. D'autres croyants encore sont arrêtés par un obstacle qui a sa source dans l'intelligence. La bénédiction leur échappe parce qu'ils ne recherchent pas assez haut.

La sainteté est une grande bénédiction. C'est le renouvellement de l'homme entier à l'image de Jésus. C'est la destruction complète de toute haine, de toute envie, de toute malice, de toute impatience, de toute convoitise, de l'orgueil, de l'impureté, de la crainte des hommes, de la honte de la croix, de la recherche de soi ou de l'admiration humaine, du goût des grandeurs ou de l'amour des aises. Elle rend celui qui la possède "doux et humble de coeur" (Mat. 11:29), comme Jésus l'était Lui-même, plein de mansuétude, d'amour et de foi, patient, bienveillant, compatissant, zélé pour les bonnes oeuvres.

Or, j'ai entendu certaines personnes se réclamer de la bénédiction de la sainteté pour avoir renoncé à fumer, à porter des parures mondaines, tandis qu'elles demeuraient impatientes, sans charité ou absorbées par les soucis du monde. Elles ne tardèrent pas à se décourager, concluant que cette bénédiction n'existait pas, et devinrent d'amers adversaires de la doctrine de la sainteté, simplement pour avoir cherché une bénédiction trop minime. Elles avaient renoncé à certaines choses extérieures; mais la vie cachée du *moi* n'avait pas été crucifiée. Le mineur enlève la gangue attachée au minerai, mais il ne peut modifier la composition intime de celui-ci; c'est là l'oeuvre du feu par lequel doit passer le minerai pour devenir métal pur. Il est de même nécessaire de renoncer aux choses extérieures mais seul le baptême de Saint-Esprit et de feu peut purifier les désirs secrets, les affections du coeur et le sanctifier. Si donc vous voulez recevoir ce baptême du feu, vous devez y aspirer ardemment dans une consécration et une foi parfaites.

D'autres n'obtiennent pas cette bénédiction parce que ce qu'ils .herchent diffère absolument de la sainteté. Ils s'attendent à une vision de flammes de feu ou à l'apparition d'un ange; ils veulent posséder un pouvoir qui jette, à leur voix, les pécheurs la face contre terre. Ils oublient ce verset qui déclare: "Le but du commandement, c'est une charité venant d'un coeur pur, d'une bonne conscience, et d'une foi sincère" (1 Tim. 1:5). Il nous enseigne que la sainteté n'est autre chose qu'un coeur pur, plein d'une charité parfaite, une conscience pure devant Dieu et devant les hommes, provenant de l'accomplissement fidèle du devoir et de l'exercice d'une foi simple, dénuée d'hypocrisie. Ils oublient que la pureté et l'amour parfait sont si conformes à l'image de Christ, qu'ils constituent en eux-mêmes, par leur propre valeur, une grande, une immense bénédiction. Ils oublient que, Roi des rois et Seigneur des seigneurs (Ap. 17:14), Jésus fut l'humble charpentier qui ". . . s'est dépouillé lui-même, en prenant une forme de serviteur . . .", et ". . . s'est humilié lui-même" (Phil. 2:7-8). Ils oublient qu'ils doivent être semblables à Jésus dans ce monde qui devint le lieu de son humiliation, et dans lequel Il parut "méprisé et abandonné des hommes, homme de douleur et habitué à la souffrance", n'ayant "ni beauté, ni éclat pour attirer nos regards" (Esa. 53:3, 2). Sa seule beauté ici-bas est la splendeur intérieure de la sainteté, cet esprit d'humilité, de douceur et d'amour, cette "parure intérieure et cachée dans le coeur, la pureté incorruptible d'un esprit doux et paisible, qui est d'un grand prix devant Dieu" (1 Pi. 3:4).

Votre âme a-t-elle faim et soif de la perfection de l'amour? Voulez-vous être semblables à Jésus? Etes-vous prêts à souffrir avec Lui, à être haïs de tous à cause de Son nom? (Mat. 10:22). Si oui, "rejetant tout fardeau, et le péché qui [vous] enveloppe si facilement" (Héb. 12:1), offrez votre corps "comme un sacrifice vivant, saint, agréable à Dieu, ce qui sera de votre part un culte raisonnable" (Rom. 12:1), et courez "avec persévérance dans la carrière qui vous est ouverte, ayant les regards sur Jésus, le chef et le consommateur de la foi" (Héb. 12:1-2). Venez au Seigneur avec la même simplicité de foi qu'au moment de votre conversion, exposez-Lui votre cas, demandez-Lui d'enlever toute souillure, de vous perfectionner dans l'amour et croyez qu'Il le fait, Si vous êtes résolus à résister à toutes les tentations de Satan qui ont pour but de vous entrainer dans le doute, vous verrez bientôt disparaître tous les obstacles et vous vous réjouirez "d'une joie ineffable et glorieuse" (1 Pi. 1:8). "Que le Dieu de paix vous sanctifie Lui-même tout entiers, et que tout votre être, l'esprit, l'âme et le corps, soit conservé irrépréhensible, lors de l'avènement de notre Seigneur Jésus-Christ! Celui qui vous a appelés est fidèle, et c'est lui qui le fera" (1 Thes. 5:23-24).

CHAPITRE 4

Les tentations de l'homme sanctifié

"Comment un homme 'mort au péché' peut-il être tenté?" me demandait, il y a peu de temps, un chrétien sincère, mais non sanctifié. "Si les penchants mêmes et les dispositions au péché sont détruits, que reste-t-il en l'homme qui puisse répondre aux sollicitations du malin?"

Tout homme doit en venir à se poser la question tôt ou tard. Lorsque Dieu m'en indiqua la réponse, Il répandit une grande clarté sur ma route, me rendant capable de vaincre Satan dans maintes batailles rangées.

Les tentations ordinaires aux autres hommes n'éveillent plus d'écho chez le croyant véritablement sanctifié et "mort au péché".

Ainsi que Paul le déclare: "Il ne lutte pas contre la chair et le sang"—contre les tentations sensuelles, charnelles et mondaines qui exerçaient précédemment un si grand pouvoir sur lui —"mais contre les dominations, contre les autorités, contre les princes de ce monde de ténèbres, contre les esprits méchants dans les lieux célestes" (Eph. 6:12).

S'il était autrefois adonné à la boisson, la tentation de s'enivrer ne l'effleure plus.

S'il était autrefois orgueilleux et vain, prenant plaisir

au luxe des vêtements et des bijoux, l'éclat trompeur, la vaine pompe et la gloire de ce monde ne l'attirent plus; car ses affections vont aux "choses d'en haut, et non à celles qui sont sur la terre" (Col. 3:2).

Ces dernières n'ont désormais pas plus d'attrait pour lui que les breloques de métal, les plumes d'aigle et les tatouages d'un Peau-Rouge.

S'il aspirait autrefois aux honneurs et à la louange des hommes, il les considère comme de la boue et des scories, aujourd'hui qu'il peut gagner Christ et obtenir l'honneur qui vient de Dieu seul.

S'il recherchait jadis la richesse et ses aises, il renonce aujourd'hui joyeusement au luxe et à toutes les possessions terrestres, afin d'avoir son trésor dans le ciel et de ne pas être embarrassé par les "affaires de la vie, s'il veut plaire à Celui qui l'a enrôlé" (2 Tim. 2:4).

Je ne dis point, par là, que Satan ne se serve plus des plaisirs charnels et des honneurs mondains pour engager l'âme à abandonner Christ, car il essaiera toujours. Je veux dire plutôt que l'âme "morte au péché" et chez qui les racines mêmes du mal sont arrachées, ne répond plus aux suggestions de Satan; elle les rejette aussitôt. Satan peut essayer son pouvoir en lui envoyant quelqu'un pour la séduire, comme ce fut le cas pour Joseph en Egypte, mais, comme lui, l'homme sanctifié fuira, disant: "Comment ferais-je un aussi grand mal et pécherais-je contre Dieu?" (Gen. 39:9).

Satan lui offrira peut-être, comme à Moïse en Egypte, une grande puissance, des honneurs et des richesses, mais les comparant à la plénitude infinie de gloire et de puissance qu'il a trouvée en Christ, l'homme sanctifié repoussera aussitôt les offres du diable: "... aimant mieux être maltraité avec le peuple de Dieu que d'avoir pour un temps la jouissance du péché, regardant l'opprobre de Christ comme une richesse plus grande que les trésors de l'Egypte'' (Héb. 11:25-26).

Satan pourra encore tenter l'homme sanctifié par les vins exquis et les viandes délicates de la demeure d'un roi, mais, tel Daniel à Babylone, il décidera ''de ne pas se souiller par les mets du roi et par les vins dont le roi buvait'' (Dan. 1:8).

Toutes ces amorces mondaines, Jésus les connut (Mat. 4:1-11 et Luc. 4:1-13); mais nous voyons, par le récit des apôtres, qu'il triompha glorieusement des suggestions du tentateur. Comme Jésus, l'homme sanctifié repoussera les tentations de Satan et remportera la victoire, car Christ Lui-même est venu habiter dans son coeur pour combattre avec lui; il peut donc maintenant répéter avec son Maître: ''Le prince du monde vient. Il n'a rien en moi'' (Jn. 14:30).

En effet, il a trouvé en Christ une telle satisfaction, une telle paix, une telle joie, une telle consolation, une telle pureté, une telle puissance, que celle de la tentation, sous les formes diverses qu'elle revêtait auparavant, est complètement brisée; il jouit maintenant de la liberté des enfants de Dieu; il est libre autant qu'un archange du ciel, car celui que le Fils affranchit est véritablement libre (Jn. 8:36). Et ''c'est pour la liberté que Christ nous a affranchis'' (Gal. 5:1).

Mais si l'homme sanctifié, affranchi par le Christ, n'a plus à combattre contre les anciennes passions mondaines et les appétits charnels, il doit cependant soutenir une lutte constante contre Satan pour conserver cette liberté! C'est ce que Paul appelle: ''Le bon combat de la foi'' (1 Tim. 6:12).

L'homme sanctifié doit lutter pour garder la foi dans l'amour du Père.

Il doit lutter pour garder la foi au sang du Sauveur qui purifie.

Il doit lutter afin de préserver sa foi en la puissance du Saint-Esprit pour sanctifier.

Pour n'être pas extérieure, cette lutte n'en est pas moins aussi réelle que celle des plus sanglantes mêlées humaines, et ses conséquences pour le bien et le mal s'avèrent infiniment plus importantes.

Par la foi, l'homme sanctifié se voit "héritier de Dieu et cohéritier de Christ" (Rom. 8:17) en toutes choses. Son Père céleste et son héritage céleste deviennent pour lui de telles réalités que l'influence des choses invisibles surpasse celle des choses qu'il perçoit de ses yeux, entend de ses oreilles et touche de ses mains.

Il répète avec Paul et réalise pleinement en son coeur que "les choses visibles sont passagères" et périront bientôt, mais que "les choses invisibles" à notre oeil naturel se découvrent aux yeux de la foi, qu'elles "sont éternelles" (2 Cor. 4:18) et subsisteront quand tous "les éléments embrasés se dissoudront" (2 Pi. 3:10), et "les cieux seront roulés comme un livre" (Esa. 34:4).

Or, par leur nature même, ces choses ne peuvent se révéler qu'à la foi; mais aussi longtemps que l'homme sanctifié les tient ferme, la puissance de Satan ne s'exerce pas sur lui. Le diable le sait très bien; c'est pourquoi il entreprend une attaque systématique contre la foi de l'homme nouvellement sanctifié.

Lorsque la conscience de ce dernier sera aussi paisible que celle d'un ange, Satan l'accusera d'une transgression volontaire de la loi de Dieu, sachant que, s'il parvient seulement à lui faire écouter cette accusation et à lui enlever la foi au sang de Jésus qui purifie, il le tient à sa merci. Satan accusera ainsi l'homme sanctifié pour le persuader ensuite que ce n'est pas lui, mais le Saint-Esprit qui le condamne. Il est "l'accusateur des frères" (Ap. 12:10). Il y a toutefois ici une différence essentielle à observer.

Le diable nous accuse de péché.

Le Saint-Esprit nous condamne à cause du péché.

Si je mens, si je m'enorgueillis ou viole un des commandements de Dieu, le Saint-Esprit me condamne aussitôt. Satan m'accuse quand je n'ai pas de péché et qu'il ne peut prouver ses accusations.

Par exemple, un homme sanctifié parle à un pécheur au sujet de son âme et le supplie de fuir la colère à venir en donnant son coeur à Dieu; mais le pécheur refuse. Alors Satan commence à accuser le chrétien: "Si tu avais su parler à ce pécheur comme il convenait, il serait sûrement venu à Dieu". Inutile d'argumenter avec le diable. La seule chose à faire est de rejeter son accusation et de venir au Sauveur avec cette prière: "Seigneur, Tu sais que j'ai fait ce qui était en mon pouvoir; si je me suis trompé ou que je n'ai pas trouvé les mots qu'il fallait, je crois que Ton sang me purifie en ce moment".

Si, dès le début des accusations de Satan, l'homme résiste de cette manière, sa foi remportera une victoire; il se réjouira de savoir que le sang de Jésus l'a purifié et que la puissance du Saint-Esprit le garde; mais s'il écoute le diable jusqu'à ce que sa conscience et sa foi en soient l'une et l'autre atteintes, il lui faudra du temps pour retrouver la force qui le rendra capable de pousser des cris de joie et de triompher de la puissance de l'ennemi.

Quand Satan aura ébranlé la foi de l'homme sanctifié, il attaquera ce qui est l'essence même de Dieu. Il lui suggérera que le Père ne l'aime pas de cet amour puissant qu'Il avait pour son Fils, contrairement aux affirmations positives de Jésus. Ensuite, il suggérera peut-être que le sang de Christ ne le purifie pas de tout péché, que le Saint-Esprit ne peut garder, ou du moins, ne garde personne sans tache et sans reproche, et qu'après tout, il n'est pas de vie sainte dans ce monde.

La foi ainsi touchée, la prière secrète de l'homme sanctifié perdra une grande partie de la bénédiction qui lui est assurée; son ardent désir d'agir sur les âmes s'émoussera; la joie de rendre témoignage à Christ diminuera, et la sécheresse du langage remplacera son brûlant témoignage; la Bible cessera d'être une source constante de force et d'inspiration. Puis le diable l'entraînera à commettre réellement le péché, en l'amenant à négliger quelques-uns de ses devoirs.

Malheur à la foi de l'homme qui prête l'oreille à Satan et s'abandonne au doute! S'il ne crie pas à Dieu de toute son âme, s'il ne sonde pas sa Bible pour connaître la volonté de Dieu et chercher ses promesses, plaidant jour et nuit comme Jésus "qui, dans les jours de sa chair, présentait avec de grands cris et avec larmes des prières et des supplications à Celui qui pouvait le sauver de la mort" (Héb. 5:7), s'il ne répond pas à Satan par la citation des promesses divines, et ne ferme pas résolument l'oreille à toute suggestion de doute, ce n'est plus pour lui qu'une question de temps: avant peu, il se trouvera parmi ceux qui paraissent vivants mais, en réalité, sont morts (Ap. 3:1), "qui gardent l'apparence de la piété, mais renient ce qui en fait la force" (2 Tim. 3:5); il figurera bientôt parmi ceux dont la prière et le témoignage sont stériles; dont l'étude de la Bible, les exhortations et les oeuvres sont mortes, parce qu'il n'y a plus en eux de foi vivante; ou bien encore il deviendra un véritable rétrograde.

Que fera l'homme sanctifié pour avoir la victoire sur le diable?

Ecoutez ce que dit Pierre: "Soyez sobres, veillez [c'est-à-dire tenez les yeux ouverts]. Votre adversaire, le diable, rôde comme un lion rugissant, cherchant qui il dévorera.

Résistez-lui avec une foi ferme" (1 Pi. 5:8-9).

Ecoutez ce que dit Jacques: "Résistez au diable et il fuira loin de vous" (Jac. 4:7).

Ecoutez Paul: "Combats le bon combat de la foi" (1 Tim. 6:12); "Le juste vivra par la foi" (Rom. 1:17); "Prenez par-dessus tout cela le bouclier de la foi, avec lequel vous pourrez éteindre tous les traits enflammés du malin" (Eph. 6:16).

Ecoutez Jean: "La victoire qui triomphe du monde, c'est notre foi" (1 Jn. 5:4); "Ils l'ont vaincu [le diable, l'accusateur des frères] à cause du sang de l'Agneau [sang auquel ils croyaient d'une foi enfantine] et à cause de la parole de leur témoignage [car si un homme ne rend témoignage, sa foi périra bientôt] et ils n'ont pas aimé leur vie jusqu'à craindre la mort" (Ap. 12:11). Mais ils obéirent à Dieu, quoi qu'il leur en coutât, renonçant à tout pour Lui.

L'auteur de l'épître aux Hébreux attache la même importance au témoignage, quand il dit: "Retenons fermement la profession de notre espérance" (Héb. 10:23).

"Prenez garde, frères, que quelqu'un de vous n'ait un coeur mauvais et incrédule, au point de se détourner du Dieu vivant" (Héb. 3:12). "N'abandonnez donc pas votre assurance, à laquelle est attachée une grande rémunération" (Héb. 10:35).

CHAPITRE 5

Après une réunion de sanctification

—Etiez-vous à la réunion de sanctification?
—Etiez-vous venu au banc des pénitents?
—Y avez-vous reçu la grâce d'un coeur pur?
—Avez-vous reçu le Saint-Esprit?

Si vous vous êtes donné à Dieu, autant qu'il dépendait de vous, et que vous n'ayez pas reçu le Saint-Esprit, je vous en conjure, ne vous découragez pas! Ne faites aucun pas en arrière! Demeurez là où vous êtes, et tenez ferme dans la foi! Le Seigneur ne demande qu'à vous bénir. Ne cessez pas de regarder à Jésus et comptez pleinement sur Lui pour qu'Il satisfasse le désir de votre coeur. Dites-Lui que vous l'attendez et rappelez-Lui Ses promesses. Voici Ses paroles: ''Car je connais les projets que j'ai formés sur vous . . ., projets de paix et non de malheur, afin de vous donner un avenir et de l'espérance. Vous m'invoquerez, et vous partirez; vous me prierez, et je vous exaucerai. Vous me chercherez, et vous me trouverez, si vous me cherchez de tout votre coeur. Je me laisserai trouver par vous . . .'' (Jér. 29:11-14).

Quelle promesse merveilleuse, et c'est à vous qu'elle s'adresse!

Le diable a-t-il continué à vous tenter plus encore que

par le passé? Voici une autre promesse: "Malheureuse, bat-
tue de la tempête, et que nul ne console! Voici, je garnirai
tes pierres d'antimoine, et je te donnerai des fondements de
saphir; je ferai tes créneaux de rubis, tes portes d'escar-
boucles, et toute ton enceinte de pierres précieúses . . . Tu
seras affermie par la justice" (Esa. 54:11-12, 14).

Dieu fera pour vous de grandes choses si vous gardez
votre foi et votre assurance.

Mais, sans doute, non seulement plusieurs d'entre vous
se sont donnés à Dieu, mais Dieu Lui-même s'est donné à
vous. Vous avez reçu le Saint-Esprit. Quand Il est entré en
vous, le "moi", votre vie propre, vous a quitté. Reconnaissant votre néant, vous vous êtes pris en horreur, en dégoût,
tandis que Jésus devenait votre tout. C'est là l'oeuvre
première du Saint-Esprit quand Il pénètre de toute sa plénitude dans un coeur. —Il glorifie Jésus: nous voyons Jésus
comme nous ne L'avions jamais vu précédemment; nous
L'aimons; nous L'adorons; nous Lui attribuons tout honneur, toute gloire et toute puissance. Nous réalisons, comme
jamais auparavant, que son précieux sang nous sauve et
nous sanctifie. Le Saint-Esprit n'appelle pas notre attention
sur Lui-même, mais sur Jésus.

"Quand le Consolateur sera venu, l'Esprit de vérité,
il vous conduira dans toute la vérité, car il ne parlera pas de
lui-même, mais il dira tout ce qu'il aura entendu, et il vous
annoncera les choses à venir. Il me glorifiera, parce qu'il
prendra de ce qui est à moi, et vous l'annoncera" (Jn. 16:13-
14), et ailleurs: "Il rendra témoignage de moi" (Jn. 15:26).

Il ne vient pas davantage révéler une vérité nouvelle,
mais faire comprendre la vérité ancienne annoncée par Jésus,
par les prophètes et par les apôtres. "Le Consolateur . . .
vous enseignera toutes choses, et vous rappellera tout ce que
je vous ai dit" (Jn. 14:26). Il fera de la Bible un livre nouveau

47

pour vous; Il vous en rappellera les leçons et vous enseignera à l'appliquer à la vie de chaque jour, de sorte que vous serez guidés par elle en toute sécurité.

La raison pour laquelle certaines personnes ne comprennent pas la Bible, c'est qu'elles ne possèdent pas le Saint-Esprit pour la leur expliquer. Un cadet ou un humble soldat rempli du Saint-Esprit peut en dire davantage sur le sens réel, profond, et spirituel de la Bible que tous les docteurs en théologie et tous les professeurs du monde qui n'ont pas reçu le baptême de l'Esprit. Le Saint-Esprit vous fera aimer la Bible et vous vous écrierez avec Job: "J'ai fait plier ma volonté aux paroles de Sa bouche" (Job 23:12). Avec le psalmiste, vous déclarerez que Ses jugements "sont plus doux que le miel, que celui qui coule des rayons" (Ps. 19:11). Aucun livre, aucune publication ne peut la remplacer, mais, de même que l'homme béni de Dieu dont parle David, vous la méditerez jour et nuit (Ps. 1:2 et Jos. 1:8). Vous tremblerez aux avertissements de la Parole divine, vous vous réjouirez en Ses promesses et vous trouverez votre suprême joie dans Ses commandements. La Bible seule pourra vous satisfaire et vous direz avec Jésus: "L'homme ne vivra pas de pain seulement, mais de toute parole que sort de la bouche de Dieu" (Mat. 4:4). Vous comprendrez ce qu'entendait Jésus lorsqu'Il affirmait: "Les paroles que je vous ai dites sont esprit et vie" (Jn. 6:63).

Tant que vous marcherez dans une humble obéissance et une foi enfantine, vous confiant au sang de Jésus pour vous purifier de tout péché, le Consolateur habitera en vous, et le niveau le plus bas de votre expérience sera "une paix parfaite". Et que dire alors du niveau le plus élevé? Comme Paul vous pourrez être ravi au troisième ciel et entendre des paroles ineffables qu'il est impossible de répéter (2 Cor. 12:2-4). Oh! elles sont inexprimables, la largeur, la longueur, la profondeur, et la hauteur de l'amour de Dieu (Eph. 3:18), que vous pourrez découvrir par le microscope et le téléscope de la foi! Gloire à Dieu! Ne craignez pas que cette expérience s'use ou s'amoindrisse. Dieu est infini! Votre intelligence restreinte, pas plus que votre coeur, ne peuvent épuiser dans l'espace d'une courte vie humaine les merveilles de Sa sagesse, de Sa bonté, de Sa grâce et de Sa gloire. Dieu soit loué! Alléluia!

Ne vous croyez pourtant pas abandonné du Consolateur, quand les flots se retirent, et descendent au niveau le plus bas. Je me souviens comment, après avoir reçu le Saint-Esprit, je demeurai des semaines entières sous un poids de gloire et de joie divines presque écrasant pour mon corps. Puis la joie commença à diminuer; je connus des alternatives de joie et de paix, et dans les jours que ne marquait aucune expérience spéciale, le diable ne tarda pas à me tenter en me suggérant que j'avais en quelque manière attristé le Saint-Esprit et qu'Il m'abandonnait. Mais le Seigneur me fit comprendre que c'était là un mensonge du diable et que je devais retenir fermement la profession de mon espérance (Héb. 10:23). Je puis donc vous dire: ne pensez pas qu'Il vous a délaissé du fait que vous n'êtes pas débordant d'émotion. Retenez ferme votre foi. Il est avec vous, et après avoir eu tant de peine à entrer pleinement en vous, Il ne se retirera pas sans vous signifier d'abord la raison exacte de Son départ. L'Esprit-Saint n'est ni capricieux, ni inconstant. Il doit lutter longtemps pour trouver place en votre coeur; Il luttera longtemps avant de le quitter, à moins que vous ne vous endurcissiez obstinément pour Le contraindre à s'éloigner de vous.

Toutefois, je n'écris pas ceci pour les indifférents, mais pour ceux dont le coeur est sensible, qui L'aiment et préféreraient mourir plutôt que de Le perdre. Je leur dis:

"Confiez-vous en Lui!" Quand j'allais céder aux mensonges de Satan qui s'évertuait à me persuader que le Saint-Esprit m'avait abandonné, le Seigneur me remit ce texte en mémoire: "Les enfants d'Israël... avaient tenté l'Eternel en disant: l'Eternel est-il au milieu de nous ou n'y est-il pas?" (Ex. 17:7).

Je compris que douter de la présence de Dieu en moi, même lorsque je ne reconnaissais aucun signe particulier de Sa présence, c'était Le tenter; aussi promis-je au Seigneur de ne plus douter, mais d'être fort dans la foi. Gloire à Dieu aux siècles des siècles! Depuis lors, Il ne m'a pas abandonné, et je suis persuadé qu'Il ne le fera jamais. Je puis avoir confiance en ma femme même lorsque je ne la vois pas; ainsi ai-je appris à me confier au Seigneur lors même que je ne ressens pas Sa puissance tressaillir en moi. Je Lui dis que j'ai foi en Lui, que je crois à Sa présence en moi et que je ne veux pas réjouir le malin par mes doutes.

C'est précisément à ce moment, après avoir reçu le Saint-Esprit, que beaucoup de gens courent le risque de se tromper. A l'heure de la tentation, ils se croient abandonnés. Au lieu de se confier en Lui, de reconnaître Sa présence et de Le remercier de ce qu'Il consent à descendre dans leurs pauvres coeurs, ils se mettent à Le chercher comme s'Il n'était point déjà venu ou qu'Il s'en fût allé. Ils devraient bien plutôt combattre le diable par la foi en lui disant: "Arrière!" et louer le Seigneur pour Sa présence en eux!

Si vous cherchez la lumière lorsque vous la possédez déjà, vous ne trouverez que ténèbres et confusion; de même, en cherchant le Saint-Esprit lorsque vous L'avez déjà reçu, vous Le contristerez. Ce qu'Il demande, c'est votre foi! C'est pourquoi, L'ayant reçu dans vos coeurs, continuez à reconnaître Sa présence! Obéissez-Lui! Il demeurera éternellement avec vous (Jn. 14:16), et Sa présence sera une force en vous.

Ne désirez pas et de demandez pas plus de puissance; mais, par la prière, la vigilance et l'étude de votre Bible, mettant scrupuleusement à profit toutes les occasions d'avancer, aspirez plutôt à devenir un canal parfaitement libre, où l'action du Saint-Esprit (qui demeure maintenant en vous) pourra s'exercer pleinement. Confiez-vous en Dieu et n'obstruez pas le chemin du Saint-Esprit, afin qu'Il puisse agir par votre moyen. Demandez-Lui de vous enseigner et de vous guider afin de ne pas faire obstacle à Son oeuvre. Appliquez-vous à vous pénétrer de Ses pensées, à parler selon Lui, à ressentir Son amour, à pratiquer la foi. Efforcez-vous d'être guidés par l'Esprit de manière à prier quand Il veut que vous priiez, à chanter quand Il veut que vous chantiez, et à ne rien dire quand Il veut que vous gardiez le silence. Vivez dans l'Esprit! Marchez selon l'Esprit! Soyez remplis de l'Esprit (1 Pi. 4:6; Gal. 5:16; Eph. 5:18).

Enfin, ne soyez point surpris si des tentations particulières vous assaillent. Souvenez-vous que c'est après Son baptême que Jésus fut conduit dans le désert pour y être tenté par le diable pendant quarante jours et quarante nuits (Mat. 3:16-17 et 4:1-11). "Le disciple n'est pas plus que [son] maître" (Mat. 10:24). Quand la tentation surgit, considérez-la comme un sujet de joie complète (Jac. 1:2). Vos épreuves mêmes et vos tentations vous conduiront à une connaissance plus approfondie du Seigneur; car ce qu'Il fut, vous devez l'être aussi en ce monde. Rappelez-vous qu'Il a dit: "Ma grâce te suffit" (2 Cor. 12:9), et qu'il est écrit de Lui: "Car, ayant été tenté lui-même dans ce qu'il a souffert, il peut secourir ceux qui sont tentés" (Héb. 2:18), et ailleurs: "Nous n'avons pas un souverain sacrificateur qui ne puisse compatir à nos faiblesses; au contraire, il a été tenté comme nous en toutes choses, sans commettre de péché!" (Héb. 4:15). "Que dirons-nous donc à l'égard de ces choses? Si Dieu est pour nous, qui sera contre nous?" (Rom. 8:31).

Soyez fidèle, plein de foi, et vous pourrez dire avec Paul: "Mais dans toutes ces choses nous sommes plus que vainqueurs par celui qui nous a aimés. Car j'ai l'assurance que ni la mort ni la vie, ni les anges ni les dominations, ni les choses présentes, ni les choses à venir, ni les puissances, ni la hauteur ni la profondeur, ni aucune autre créature ne pourra nous séparer de l'amour de Dieu manifesté en Jésus-Christ notre Seigneur" (Rom. 8:37-39).

CHAPITRE 6

Combats le bon combat de la foi

(1 Timothée 6:12)

Un ami chez qui je logeais un jour, réclama la bénédiction d'un coeur pur, et en rendit témoignage le lendemain à la table du déjeuner. Il avoua qu'il avait longtemps douté de la possibilité d'une telle expérience. Cependant il avait été amené à observer la vie de ceux qui déclarent y croire, et à étudier la Bible depuis qu'il fréquentait l'Armée du Salut. Il était ainsi parvenu à la conclusion que, sans la sainteté du coeur, il ne pouvait servir Dieu d'une manière qui Lui soit agréable. Mais la difficulté était d'arriver au point où il l'obtiendrait par la foi. Il pensait bien qu'un jour viendrait où il la recevrait. Il y comptait, attendant le moment où elle lui serait accordée, mais il avait enfin compris qu'il devait la réclamer *immédiatement*, et à ce moment précis commença pour lui le combat de la foi. Il saisit une partie de la promesse, tandis que le diable l'empêchait d'en saisir l'autre. Ils entrèrent alors en lutte s'efforçant tous les deux de s'assurer la victoire *sur-le-champ*.

Jusqu'à ce jour, le diable l'avait souvent remportée, mais, cette fois, l'homme ne voulut pas lâcher prise; il s'approcha avec assurance du trône de la grâce, obtint misé-ricorde, trouva grâce et fut secouru (Héb. 4:16). Il triompha du diable par la foi, reçut la bénédiction d'un coeur pur et, ce matin-là, il put me dire: "La nuit dernière, Dieu m'a rempli du Saint-Esprit"; la joyeuse intonation de sa voix et le rayonnement de son visage confirmaient la réalité de ses paroles.

Ce que l'âme doit enfin abandonner lorsqu'elle recher-che le salut ou la sanctification, c'est "un coeur mauvais et incrédule" (Héb. 3:12), forteresse de Satan. Vous pourrez le chasser de tous ses avant-postes sans qu'il s'en inquiète; mais si vous attaquez cette citadelle-là, il résistera avec tous les mensonges et tous les artifices dont il peut disposer. Peu lui importe qu'on renonce au péché extérieur. Un pécheur aux dehors respectables fera son affaire tout aussi bien que le pécheur le plus notoire.

En réalité, je me demande si certaines personnes ne sont pas pires que le diable le désirerait, car elles constituent pour lui une triste recommandation.

Peu lui importe qu'un homme garde l'espoir du salut et de la pureté; à vrai dire, je le suspecte fort de souhaiter qu'il en soit ainsi, pourvu que l'homme en reste là. Mais qu'une pauvre âme vienne à dire: "C'est *maintenant* que je veux avoir l'assurance de mon salut; c'est *maintenant* qu'il me faut obtenir cette bénédiction; je ne puis vivre plus long-temps sans le témoignage rendu par l'Esprit que Jésus me sauve *maintenant* et qu'Il me purifie *maintenant*", aussitôt le diable se met à rugir, à mentir, à employer toutes ses ruses pour tromper l'âme et la pousser dans un chemin détourné, ou la bercer et l'endormir par une promesse de victoire future.

C'est ici que le diable commence véritablement son oeuvre. Beaucoup de gens prétendent qu'ils luttent contre le diable tout en ignorant ce que veut dire: combattre le diable! C'est un combat de foi, dans lequel l'âme s'empare de la promesse de Dieu, s'y cramponne, et y croit en dépit de tous les mensonges de l'ennemi, en dépit de toutes les circonstances et de tous les sentiments contraires, demeurant dans l'obéissance, lors même que Dieu semblerait ne pas tenir Sa promesse. Quand une âme en est arrivée au point où elle retient fermement et immuablement la profession de sa foi, elle s'élève bientôt au-dessus des brouillards et des obscurités du doute et de l'incertitude, jusqu'à la pleine clarté d'une assurance parfaite. Gloire à Dieu! Elle sait que Jésus sauve et sanctifie, elle est remplie d'un sentiment ineffable d'humilité, mêlé à une joie sans pareille dans l'assurance de Sa faveur et de Son amour éternel.

Un camarade que j'aime comme ma propre âme, cherchait la bénédiction d'un coeur pur. Il avait renoncé à tout, mais gardait un "coeur mauvais et incrédule", sans toutefois s'en rendre compte; il attendait que Dieu lui accordât Sa bénédiction. Le diable lui murmura: "Tu dis que tu es sur l'autel du Seigneur, et cependant tu ne te sens point différent". Le "coeur mauvais et incrédule" de ce pauvre homme accepta cette assertion de l'ennemi et reconnut qu'il en était ainsi. Il se découragea et la victoire resta au malin.

Après un rude combat, il se donna de nouveau au Seigneur, mais en gardant encore ce "coeur mauvais et incrédule". De nouveau le diable murmura: "Tu déclares appartenir tout entier au Seigneur, et cependant tu n'éprouves pas ce que ressentent les autres quand ils ont tout abandonné à Dieu". Le "coeur mauvais et incrédule" répondit: "Oui, c'est vrai", et connut encore la défaite à cause de son incrédulité.

Après beaucoup d'efforts, il rechercha une troisième fois cette bénédiction et de nouveau renonça à tout pour le Seigneur; mais en gardant toujours ce "coeur mauvais et incrédule". Pour la troisième fois le diable murmura: "Tu dis que tu appartiens au Seigneur, mais tu n'ignores pas combien ton caractère est emporté; qui sait si, la semaine prochaine, quelque tentation inattendue ne surviendra pas pour te terrasser?" Pour la troisième fois le "coeur mauvais et incrédule" répondit: "Il en est ainsi", et, pour la troisième fois, cet homme fut battu.

Finalement, comme il désirait intensément la sainteté et le témoignage intérieur de l'Esprit, il tenta un ultime effort, demandant à Dieu de lui montrer la dépravation de son âme. Alors, Dieu lui fit voir le "coeur mauvais et incrédule" qui avait écouté la voix du malin et abondé dans son sens. De braves gens, qui font profession de christianisme, n'aiment pas admettre qu'il subsiste en eux quelque incrédulité. Mais Dieu ne pourra les sanctifier aussi longtemps qu'ils ne consentiront pas à reconnaître tout le mal caché au fond de leur coeur, et à prendre le parti de Dieu contre eux-mêmes.

Le camarade en question persista dans son effort, se livra complètement et résolument au Seigneur et Lui dit qu'il aurait foi en Lui. De nouveau le diable murmura: "Tu n'éprouves aucune différence". Mais cette fois, l'homme réduit au silence l'esprit d'incrédultié et répondit: "Peu m'importe de ne pas me sentir différent. Je *suis* tout au Seigneur."

—Mais tu n'éprouves pas les mêmes sentiments que les autres, ajouta le diable.

—Qu'importe; je *suis* au Seigneur, et Il m'accordera ou me refusera Sa bénédiction, selon qu'Il le jugera bon.

—Mais il y a la vivacité de ton caractère.

—Qu'importe, je *suis* au Seigneur; j'ai foi en Lui pour dompter mon caractère. Je suis au Seigneur! Je suis au Seigneur!

Et il résista au diable avec une foi ferme (1 Pi. 5:9), refusant, ce jour-là, cette nuit et le jour suivant, de prêter l'oreille aux suggestions d'"'un coeur mauvais et incrédule". Le calme entra dans son âme avec la ferme résolution qu'il prit de s'en tenir pour jamais aux promesses de Dieu, qu'Il le bénit ou non. Vers dix heures du soir, la seconde nuit, au moment où il s'apprêtait à se livrer au repos, sans le moindre pressentiment de ce qui allait se passer, l'Eternel accomplit à son égard la promesse faite aux jours d'autrefois: "... soudain entrera dans son temple le Seigneur que vous cherchez" (Mal. 3:1). Jésus, le Fils de Dieu—"qui vit, et qui était mort", —mais "qui vit maintenant aux siècles des siècles", lui fut si bien révélé et manifesté dans son être intérieur qu'il en fut "comme perdu dans un océan d'amour, de louanges et de gloire". Oh! comme il triompha en Dieu, son Sauveur, se réjouissant d'être resté ferme dans sa foi et d'avoir résisté au diable!

Or, c'est là le point auquel doit arriver toute âme pour entrer dans le Royaume de Dieu: elle doit mourir au péché, renoncer à toute incrédulité et abandonner tous ses doutes. Elle doit consentir à être *maintenant* "crucifiée avec Christ" (Gal. 2:20). Quand ce sera fait, elle entrera en contact avec Dieu, sentira le feu de Son amour et sera remplie de Sa puissance, tout comme un train électrique reçoit la lumière et la force par contact avec le fil placé au-dessus de lui ...

Que Dieu vous bénisse, mon frère, ma soeur, et vous aide à comprendre que *"maintenant* est le temps favorable!" (2 Cor. 6:2). Si vous vous êtes entièrement donné à Dieu, rappelez-vous que tout ce qui pourrait faire naître le doute en vous vient de Satan et non de Lui; Dieu vous ordonne de résister au diable en demeurant ferme dans la foi; c'est pourquoi "n'abandonnez donc pas votre assurance, à laquelle est attachée une grande rémunération" (Héb. 10:35).

CHAPITRE 7

Le coeur de Jésus

Rends mon coeur semblable au tien
Par Ta puissance inégalable,
Par Ta grâce intarissable,
Rends mon coeur semblable au tien.

Nous chantions, un matin, les paroles ci-dessus, de tout notre coeur, dans une heure d'humiliation et d'examen de nous-mêmes. J'étais alors Cadet à l'Ecole Militaire.*

Un de mes camarades, pénétré de l'esprit de ce cantique s'approcha de moi, la réunion terminée, et, très sérieux, sur un ton d'ardente prière, me demanda: ''Voulons-nous réellement dire que nous puissions avoir un coeur semblable au sien?'' Je lui répondis que j'en étais certain, puisque le Seigneur ne demande qu'à nous rendre semblables à Lui:

Christ en moi, c'est l'espérance,
    C'est la pureté;
C'est l'entière délivrance;
    C'est la sainteté;
C'est la paix malgré l'orage,
    Le calme complet;
C'est le ciel bleu sans nuage;
    C'est l'amour parfait.

---

*Elève à l'Ecole de formation pour officiers de l'Armée du Salut.

Jésus a été, en effet, "le premier-né entre plusieurs frères" (Rom. 8:29). Il est notre "frère aîné" et nous devons Lui être semblables. "Tel il est, tels nous sommes aussi dans ce monde", et "celui qui dit qu'il demeure en lui doit marcher aussi comme il a marché Lui-même" (1 Jan 4:17 et 2:6). Or, il nous est impossible de marcher comme Lui, de vivre comme Lui, à moins d'avoir un coeur semblable au sien.

Nous ne pouvons porter les mêmes fruits que Lui sans posséder la même nature que Lui; c'est pourquoi Il veut nous rendre semblables à Lui. C'est aux fruits qu'on juge un arbre; c'est par Ses oeuvres que nous pouvons connaître le coeur de Jésus.

Nous découvrons l'amour en Lui: Son coeur débordait d'amour. Il portait le fruit délicieux du parfait amour. Ni haine, ni amertume, ni dédain, ni égoïsme ne s'y mêlaient: Il aimait Ses ennemis et priait pour Ses bourreaux, Ce n'était point un sentiment inconstant, changeant au gré du moment, mais immuable et éternel (Jér. 31:3). Gloire à Dieu! Que tout cela est merveilleux!

Voilà précisément l'amour qu'Il désire voir en nous. Ecoutez: "Je vous donne, dit-Il, un commandement nouveau: Aimez-vous les uns les autres; comme Je vous ai aimés" (Jn. 13:34). Il peut paraître extraordinaire de me commander d'aimer mon frère comme Jésus m'a aimé; tel est cependant Son ordre et, pour Le suivre, il me faut un coeur semblable à celui du Sauveur.

Nous savons que l'amour renferme toutes les autres grâces. Regardons au coeur de Jésus pour chercher et trouver quelques-unes d'entre elles.

Jésus était *humble* de coeur.

Il dit de Lui-même: "Je suis doux et humble de coeur" (Mat. 11:29), et Paul déclare qu'Il s'est dépouillé Lui-même en prenant une forme de serviteur, Il s'est humilié Lui-même (Phil. 2:7-8).

Béni soit Son nom! Il s'est humilié Lui-même, car, bien qu'Il fût le Seigneur de vie et de gloire, Il a condescendu à naître d'une humble vierge, dans une crèche, et à travailler trente ans comme un obscur charpentier; Il a voulu vivre avec les pauvres, les ignorants et les gens de la plus basse classe, plutôt qu'avec les riches, les grands et les savants.

Si Jésus ne fut jamais embarrassé en présence des puissants et des sages de ce monde, Son coeur simple et humble s'attacha de préférence aux gens du peuple, aux rudes travailleurs de la plus modeste origine. Il ne voulut pas qu'on l'élevât. Lorsqu'on chercha à le faire, Il s'échappa et alla prier sur la montagne. Lorsqu'Il revint, Il parla à Ses disciples d'une façon si catégorique que presque tous l'abandonnèrent (Jn. 6:15-66).

Peu avant Sa mort, Il prit l'humble place d'un esclave et lava les pieds de Ses apôtres, puis Il leur dit: "Je vous ai donné un exemple, afin que vous fassiez comme je vous ai fait" (Jn. 13:15).

Ceci me fut d'un grand secours à l'Ecole Militaire. Le lendemain de mon arrivée, on m'envoya dans un étroit réduit pour cirer une quantité de souliers sales appartenant aux Cadets. Le diable s'approcha de moi pour me rappeler que, peu d'années auparavant, j'avais obtenu des diplômes universitaires et passé deux ans dans une des premières facultés de théologie du pays; qu'ensuite, ayant été pasteur d'une Eglise importante, je venais d'abandonner mon travail d'évangélisation où j'avais vu des centaines d'hommes chercher leur Sauveur, et que maintenant je cirais les souliers de garçons ignorants. Le diable est mon vieil ennemi; mais je lui rappelai l'exemple de mon Sauveur, et il s'éloigna. Jésus a dit: "Si vous savez ces choses, vous êtes heureux, pourvu que vous les pratiquiez" (Jn. 13:17). Je les pratiquais,—le diable le savait, il me laissa et je fus heureux: ce petit réduit s'était transformé pour moi en un parvis du ciel et mon Seigneur m'y visita.

"Dieu résiste aux orgueilleux, mais Il fait grâce aux humbles" (Jac. 4:6). Si vous voulez avoir un coeur semblable à celui de Jésus, qu'il soit rempli d'humilité et non gonflé d'orgueil, ne se cherchant pas lui-même. Revêtez-vous d'humilité (1 Cor. 13:4-5; et 1 Pi. 5:5).

Jésus était *doux* et *humble* de coeur.

Paul parle de "la douceur et de la bonté du Christ" (2 Cor. 10:1) et Pierre nous dit que, "injurié, il ne rendait point d'injures; maltraité, il ne faisait point de menaces, mais s'en remettait à celui qui juge justement" (1 Pi. 2:23). Il ne frappait pas quand on L'injuriait. Il ne cherchait pas à se justifier, mais remettait Sa cause à Son Père céleste et attendait.

"Semblable à un agneau qu'on mène à la boucherie, à une brebis muette devant ceux qui la tondent; il n'a point ouvert la bouche" (Esa. 53:7).

C'était la douceur portée à sa perfection; car, non seulement Il se refusait à rendre les coups, mais Il subissait les plus cruelles et les plus humiliantes injustices. "C'est de l'abondance du coeur que la bouche parle" (Mat. 12:34). Son coeur était plein de douceur, Sa bouche ne récriminait pas contre ses ennemis.

C'est précisément ce qu'Il exige de nous dans ces paroles: "Je vous dis de ne pas résister au méchant. Si quelqu'un te frappe sur la joue droite, présente-lui aussi l'autre, . . . si quelqu'un te force à faire un mille, fais-en deux avec lui" (Mat. 5:39, 41).

Je connais un chrétien noir, haut de plus de six pieds, fortement bâti, aux bras musculeux, qui fut, il y a peu de temps, repoussé d'un tramway d'une manière inconvenante et brutale, alors qu'il avait autant de droit à sa place que le conducteur lui-même.

Une personne, connaissant ses exploits passés et sa force, lui dit:

—Georges, il y a des coups de poing qui se perdent.

—Je n'aurais pas pu cogner, répondit Georges, car Dieu m'a enlevé toute envie de lutter, et avec une exclamation joyeuse, il ajouta: Si vous passez votre couteau au feu et en enlevez le tranchant, il ne coupe plus.

"Heureux les débonnaires, car ils hériteront la terre" (Mat. 5:5).

CHAPITRE 8

Le secret de la puissance

Ceux qui espèrent en l'Eternel, renouvellent leurs forces.

(Esaïe 40:31, *Segond révisée*, 1978)

Si j'étais mourant, qu'il me restât le privilège d'adresser une dernière exhortation aux chrétiens du monde entier, et que ce message dût être condensé en quatre mots, je leur dirais: *"Espérez en l'Eternel."*

Partout où je vais, je rencontre des rétrogrades—méthodistes, baptistes, salutistes, etc.—des rétrogrades de tout genre et par milliers, au point que mon coeur saigne à la pensée d'une si grande armée d'âmes découragées, qui ont attristé le Saint-Esprit et affligé le Seigneur.

Si l'on demandait à tous ces rétrogrades la cause de leur condition actuelle, ils l'expliqueraient de diverses manières alors qu'en réalité il n'y a qu'une réponse: ils n'ont pas espéré en Dieu. S'ils avaient espéré en Lui au moment du terrible assaut qui a détruit leur foi, anéanti leur courage, en raison de leur amour, ils auraient renouvelé leurs forces et surmonté tous les obstacles, comme portés sur des ailes d'aigles. Ils se seraient élancés, sans se lasser, contre l'ennemi. Ils auraient marché sans faillir au milieu des difficultés.

Espérer en Dieu veut dire plus que Lui adresser une

prière de trente secondes au moment du lever et du coucher. Cela peut vouloir dire: se saisir de Dieu par *une* prière et Le quitter avec la bénédiction; ou bien encore: assiéger Son trône par une série de prières persévérantes, persistantes, prières de l'âme qui est décidée à ne pas s'éloigner avant que Dieu n'ait agi.

Il y a une manière de s'approcher de Dieu, de heurter à la porte du ciel, de réclamer au Seigneur la réalisation de Ses promesses, une manière de plaider auprès de Jésus en s'oubliant soi-même, en mettant de côté toute préoccupation terrestre et en persistant dans la résolution de compter sur l'exaucement qui assure à l'homme toutes les ressources de la sagesse, de la puissance et de l'amour d'En Haut. Celui qui prie de telle manière se réjouira avec cris de triomphe. En présence de la mort et de l'enfer, il sera plus que vainqueur, même si tous devaient trembler, s'enfuir ou tomber autour de lui.

C'est en espérant en Dieu dans les moments critiques que toute âme forte obtient la sagesse et la force qui remplissent les autres hommes d'étonnement. Eux aussi pourraient être grands devant le Seigneur (Luc 1:15), s'ils voulaient espérer en Lui et être fidèles, au lieu de s'agiter et de courir l'un vers l'autre pour chercher le secours quand vient le moment de l'épreuve.

Après avoir traversé une période de trouble et d'angoisse, le psalmiste parle ainsi de sa délivrance:

> *J'avais mis en l'Eternel mon espérance;*
> *Et Il s'est incliné vers moi, Il a écouté mes cris.*
> *Il m'a retiré de la fosse de destruction.*
>> *Du fond de la boue;*
> *Et Il a dressé mes pieds sur le roc,*
>> *Il a affermi mes pas.*

Il a mis dans ma bouche un cantique nouveau,
Une louange à notre Dieu!
Beaucoup l'ont vu, et ont eu de la crainte,
Et ils se sont confiés en l'Eternel.
(Psaume 40:2-4).

Je visitai dernièrement un pauvre petit poste de l'Armée du Salut qui laissait à désirer dans presque tous les domaines. Beaucoup de soldats étaient froids et découragés, mais je trouvai une camarade au visage rayonnant, un chant de louanges sur les lèvres. Elle me raconta qu'en voyant les autres faiblir autour d'elle, en constatant l'insouciance du plus grand nombre et le déclin de la piété dans ce Poste, elle avait profondément souffert et le découragement avait failli l'accabler. Mais, se tournant vers Dieu, elle s'était prosternée devant Lui, priant et attendant Sa présence. Il lui découvrit alors le sinistre abîme qu'elle frôlait, lui démontrant que son devoir était de s'attacher au Christ et de marcher à Sa suite en pureté de coeur, le Poste entier dût-il faire défection. Elle confessa au Seigneur tout ce qu'Il condamnait en elle. Alors une joie inexprimable l'envahit. Elle fut remplie à la fois de la crainte de Dieu et de la gloire de Sa présence.

Elle ajouta que le lendemain, elle tremblait à la pensée de l'effroyable danger couru, et m'affirma qu'elle devait son salut à son ardente prière dans le silence de la nuit. Maintenant, elle se sentait pleine de confiance et d'espoir, non seulement pour elle-même, mais aussi pour le Poste dont elle faisait partie. Puisse notre Armée compter des milliers de soldats semblables!

David a dit: "Mon âme, confie-toi en Dieu, car de lui vient mon espérance" (Ps. 62:6); et ailleurs il déclare: "J'espère en l'Eternel, mon âme espère, et j'attends sa promesse. Mon âme compte sur le Seigneur plus que les gardes ne

comptent sur le matin" (Ps. 130:5-6); puis il lance cette re-
tentissante exhortation et cette parle d'encouragement à
vous et à moi: "Espère en l'Eternel! Fortifie-toi et que ton
coeur s'affermisse! Espère en l'Eternel!" (Ps. 27:14).

Le secret de toute chute, comme de tout vrai succès,
réside dans l'attitude de l'âme devant Dieu. L'homme qui
espère courageusement en Dieu ne peut manquer de réussir.
Il ne tombera point. Aux yeux des autres hommes, il sem-
blera échouer peut-être, mais ils reconnaîtront à la fin ce
qu'il n'a jamais cessé de croire, c'est que Dieu était avec
lui, le rendant prospère en dépit de toutes les apparences.

Jésus fait résider ce secret dans ces paroles: "Mais
quand tu pries, entre dans ta chambre, ferme ta porte, et
prie ton Père qui est là dans le lieu secret; et ton Père, qui
voit dans le secret, te le rendra" (Mat. 6:6).

Sachez donc qu'il ouvre la voie à toute défaite, celui qui
ne s'unit pas à Dieu dans le secret de la prière, jusqu'à être
rempli de sagesse, revêtu de puissance et enflammé d'amour.

CHAPITRE 9

Déperdition de force spirituelle

Un homme de Dieu, rempli d'amour pour les âmes, James Caughey, raconte dans un de ses ouvrages comment, ayant été, un jour, invité à prendre le thé, il avait participé à la conversation qui n'offrit rien de répréhensible. Pourtant, il s'était senti, à l'heure de la réunion, comme un arc détendu. Il ne put faire pénétrer les "flèches" de l'Eternel dans le coeur de ses ennemis, car il avait perdu sa puissance dans cette causerie inutile.

Voici comment un officier de ma connaissance laissait sa force spirituelle s'écouler peu à peu, au point de devenir comme un os desséché au moment de la réunion: nous avions environ cinq kilómètres à parcourir pour nous rendre à la salle et, pendant le trajet il ne cessait de parler de choses sans rapport avec la réunion prochaine. Il n'y avait sans doute rien de mauvais ni de frivole dans ses propos, mais ils l'éloignaient du but; ils détournaient son esprit de l'Eternel et des êtres en face desquels il allait se trouver pour les exhorter à se réconcilier avec Dieu; il en résultait, qu'au lieu de se présenter revêtu de puissance devant l'auditoire, il en était au contraire dépouillé. Je me rappelle parfaitement cette réunion: la prière bonne, mais sans force; des mots, des mots, des mots! La lecture de la Bible et l'allocution bonnes également. L'Officier disait des choses vraies et excellentes, mais qui restaient sans effet. Les soldats paraissaient indifférents, les pécheurs insouciants et endormis. La réunion, dans son ensemble, ne présentait pas d'intérêt.

Or, cet Officier n'était pas un rétrograde, et ne manquait ni d'expérience ni de moyens. Il était, au contraire, à ma connaissance, un des plus brillants et des plus intelligents. Mais, au lieu de garder le silence en se rendant à la réunion et de demeurer en communion avec Dieu jusqu'à ce que son âme fût enflammée de foi, d'espérance et d'amour, il gaspillait sa force en vain bavardage.

Dieu dit:

"Si tu sépares ce qui est précieux de ce qui est vil, tu seras comme ma bouche" (Jér. 15:19).

Alors que cet Officier aurait pu se rendre à la réunion plein de force, que sa bouche aurait pu être, pour ses auditeurs, comme celle de Dieu même, semblable à "une épée quelconque à deux tranchants pénétrante jusqu'à partager âmes et esprit, jointures et moelles" (Héb. 4:12), il restait impuissant, tel Samson quand ses cheveux eurent été coupés par Dalilah.

Il y a ainsi bien des manières de laisser échapper la force spirituelle. J'ai connu un soldat qui, chaque soir, arrivait de bonne heure à la salle, mais au lieu de se préparer à la réunion, passait son temps à jouer du violon et à en tirer une musique douce et rêveuse; bien qu'averti avec amour et fidélité, il continua ses exercices, jusqu'au jour où il rétrograda ouvertement.

J'ai connu des hommes que l'habitude de plaisanter privait de leur force spirituelle. Ils aimaient raconter des histoires amusantes et à faire de l'esprit pour égayer les autres. Certes, l'animation ne manquait pas, mais elle n'avait rien de divin. Je ne veux pas dire cependant qu'un homme rempli de .a force de l'Esprit ne doive jamais provoquer le rire; il peut tenir les propos les plus comiques, mais que ce soit en temps opportun; ils doivent arriver naturellement, être exprimés dans la crainte de Dieu et non dans un esprit de pure plaisanterie.

Celui qui, dans une réunion, désire avoir de la vie et de la force, doit se rappeler que rien ne peut remplacer le Saint-Esprit. Il est la vie. Il est la force. Si on Le cherche avec ferveur, Il vient, et Sa présence rend la plus petite réunion féconde en résultats.

Il faut Le désirer intensément, dans une prière ardente et secrète. Jésus a dit: "Quand tu pries, entre dans ta chambre, ferme ta porte, et prie ton Père qui est là dans le lieu secret; et ton Père, qui voit dans le secret, te le rendra." (Mat. 6:6). —Il l'a dit et le fera; que Son saint nom soit béni!

Je connais un homme qui, autant que possible, se retire auprès de Dieu une heure avant chaque réunion; aussi, quand il parle, est-ce avec la force du Saint-Esprit.

L'homme qui veut recevoir la puissance au moment précis où il en a besoin, doit marcher avec Dieu. Il doit être intime avec Dieu et maintenir une voie toujours ouverte entre son coeur et Dieu. Dieu sera l'ami d'un tel homme, Il le bénira et l'honorera. Dieu lui révélera Ses secrets; Il lui enseignera à trouver le chemin des coeurs; Il éclairera pour lui les ténèbres et aplanira sa voie. Dieu se tiendra à ses côtés pour lui venir en aide.

Un tel homme veillera constamment sur sa bouche comme sur son coeur. David disait: "Eternel, mets une garde à ma bouche, veille sur la porte de mes lèvres!" (Ps. 141:3).

Et Salomon dit:

Garde ton coeur plus que toute autre chose,
car de lui viennent les sources de la vie.
                    (Proverbes 4:23).

    Il doit marcher avec Dieu dans une communion inin-
terrompue et garder la joyeuse certitude qu'il est toujours en
Sa présence: "Fais de l'Eternel tes délices", dit le Psalmiste
(Ps. 37:4). Oh! qu'heureux est l'homme qui prend son plaisir
en l'Eternel, qui n'est jamais seul parce qu'il connaît Dieu,
qu'il Lui parle et se réjouit en Lui; qui sent combien Dieu
est digne d'être aimé et se donne à Lui pour L'aimer, Le servir
et se confier en Lui de tout son coeur!

    Camarades, "n'éteignez pas l'Esprit" (1 Thes. 5:19). Il
vous amènera ainsi à connaître et à aimer Dieu, et Dieu fera
de vous les instruments de Sa puissance.

CHAPITRE 10

L'homme que Dieu emploie à Son service

Il y a quelque temps j'eus l'occasion de m'entretenir avec un négociant chrétien, qui exprima une grande et importante vérité en disant:

"Beaucoup de personnes supplient le Seigneur de les employer à Son service, mais Il ne le peut pas. Ils ne se sont pas abandonnés à Lui; ils ne sont ni humbles, ni dociles, ni saints. Beaucoup de gens s'adressent à moi pour obtenir un emploi dans mon magasin, mais je ne puis les accepter parce qu'ils sont impropres à mon travail. Quand j'ai besoin de quelqu'un, je fais insérer une annonce et je passe quelquefois des journées à chercher un homme susceptible d'occuper le poste à pourvoir; quand j'ai trouvé cet homme, je le mets à l'épreuve pour juger s'il est capable ou non de remplir l'emploi que j'ai à lui confier."

Le fait est que Dieu prend à Son service tous ceux qu'Il peut utiliser, et dans toute l'étendue de leurs capacités. Ainsi, au lieu de demander d'être employé au service de Dieu, devrait-on s'examiner pour constater si l'on est propre à son oeuvre. Dieu ne peut employer tous ceux qui le Lui demandent, pas plus que ne le pouvait ce négociant. A ceux qui sont sanctifiés et utiles à leur Maître, propres à toute bonne oeuvre (2 Tim. 2:21) et à ceux-là seulement, Il peut accorder cette grande utilité. Dieu cherche partout des hommes et des femmes pour les utiliser, mais, comme ce négociant, Il doit en éprouver des centaines avant de trouver l'instrument convenable. La Bible dit: "L'Eternel étend Ses regards sur toute la terre pour soutenir ceux dont le coeur est tout entier à Lui" (2 Chr. 16:9). Dieu ne demande qu'à vous employer, mais, avant de le Lui demander, de nouveau voyez si votre "coeur est tout entier à Lui". Alors, n'en doutez pas, Dieu se montrera puissant en votre faveur; gloire à Son précieux, précieux nom!

Quand Dieu cherche un homme pour travailler dans Sa vigne, Il ne demande pas: "A-t-il de grandes capacités naturelles? A-t-il reçu une éducation accomplie? A-t-il le don du chant? Ses prières sont-elles éloquentes? A-t-il le don de la parole?"

Il demande plutôt: "Son coeur est-il tourné vers Moi? Est-il saint, rempli d'amour? Est-il résolu à marcher par la foi et non par la vue? M'aime-t-il assez et a-t-il une confiance assez enfantine en Mon amour pour croire qu'il est un instrument entre Mes mains même lorsqu'il ne voit pas de signe extérieur que Je l'*emploie* à Mon oeuvre? Sera-t-il las et abattu quand Je le reprendrai, dans le but d'accroître ses possibilités de service? Ou s'écriera-t-il plutôt avec Job: "Voici, qu'il me tue, j'espérerai en lui"? (Job 13:15, version *Darby*). Sonde-t-il Ma parole et la médite-t-il "jour et nuit, pour agir fidèlement selon tout ce qui y est écrit"? (Jos. 1:8). S'attend-il à Moi pour être conseillé et cherche-t-il en tout à être conduit par Mon Esprit? Au contraire est-il indomptable et rétif comme le cheval ou le mulet, qu'on bride avec un frein et un mors, de sorte que Je ne puisse pas le guider de Mon oeil? (Ps. 32:8-9, version *Ostervald*). Cherche-t-il à plaire aux hommes et à s'épargner de la peine, ou est-il disposé à attendre de Dieu seul sa récompense, ne recherchant que "la gloire qui vient de Dieu seul"? (Jn. 5:44). Est-ce qu'il "prêche la parole... en toute occasion, favorable ou non..."? (2 Tim. 4:2). Est-il "doux et humble de coeur"? (Mat. 11:29).

Quand Dieu trouve un tel homme, Il le prend à Son service. Il y aura entre Dieu et cet homme une entente si affectueuse, un tel amour, une telle confiance, une telle sympathie mutuelle, qu'il deviendra sur-le-champ "ouvrier avec Dieu".

Paul était un de ceux-là; aussi, plus on attentait à ses jours, en le maltraitant et en le lapidant, plus Dieu l'employait à Son service. Enfin, jeté en prison, Paul déclare avec une foi inébranlable: "Je souffre jusqu'à être lié comme un malfaiteur. Mais la parole de Dieu n'est pas liée" (2 Tim. 2:9); ainsi il annonça la parole de Dieu et, ni les démons, ni les hommes ne purent l'entraver. Elle franchit les murs de sa prison, vola par delà les océans et les continents, à travers les siècles, portant la glorieuse nouvelle de l'Evangile béni; renversant les trônes, les royaumes et les puissances du mal, portant partout lumière, consolation et salut aux coeurs tristes, troublés et souillés. Près de dix-neuf siècles se sont écoulés depuis le martyre de Paul, depuis que ses bourreaux ont cru en finir avec lui pour jamais; ses oeuvres et la puissance de sa parole portent, aujourd'hui, à la gloire de Dieu et pour le bien des hommes, des fruits qui surpassent même la compréhension d'un archange.

Combien Paul sera surpris en recevant sa récompense finale au jour du jugement et en prenant possession de tous les trésors qu'il s'est amassés au ciel, de l'héritage éternel préparé pour lui!

Pauvre âme troublée, rassure-toi et prends courage! Tu te crois inutile, qu'en sais-tu? Espère en Dieu!

Paul connut des jours sombres; il écrivait à Timothée: "Tu sais que tous ceux qui sont en Asie m'ont abandonné" (2 Tim. 1:15). Etudiez sa vie dans les Actes et les Epîtres, considérez ses luttes et ses découragements, et prenez courage!

Jésus a dit: "Celui qui croit en moi, des fleuves d'eau vive couleront de son sein." C'est ainsi qu'Il parlait "de l'Esprit que devaient recevoir ceux qui croiraient en lui" (Jn. 7:38-39).

Veillez à garder la foi; veillez à être "remplis du Saint-Esprit", et Jésus veillera à ce que, de votre vie, découlent des fleuves de puissance, de sainte influence qui seront en bénédiction au monde. Vous constaterez vous-mêmes avec étonnement, au jour des rétributions, combien votre récompense est grande, comparée à la petitesse de vos sacrifices et de votre travail.

CHAPITRE 11

Votre propre âme

Une femme m'adressait un jour la question suivante: "Ne peut-on pas courir le risque de prendre un trop grand soin de son âme? Je vois partout autour de moi tant de chagrins, de douleurs et d'injustices que je suis perplexe quant à la manière dont Dieu gouverne le monde, et il me semble que le chrétien, au lieu de tant se préoccuper de son âme, devrait plutôt chercher à venir en aide à son prochain."

Cet embarras est assez général. Tout chrétien constate autour de lui des chagrins et des souffrances auxquels il est incapable de remédier; sa perplexité devant cette impuissance est une invitation du Seigneur à prendre le plus grand soin de son âme, de peur qu'il ne succombe au doute et au découragement.

Mais, quand je dis que le chrétien doit prendre soin de son âme, je n'entends pas qu'il doive se dorloter, se choyer et s'apitoyer sur lui-même, ni se laisser aller à de douces rêveries. Au contraire, il doit prier, prier et prier encore. Il recherchera donc la présence et les enseignement du Saint-Esprit en sorte qu'il reçoive une plénitude de lumière et de force, et fasse de la volonté divine l'objet d'une étude sans relâche (Héb. 6:12). Ainsi pourra-t-il avoir en la sagesse et la bonté de Dieu une foi inébranlable, et pour les hommes un amour à la hauteur de toutes les détresses qui l'entourent.

Lecteur, peut-être êtes-vous aussi troublé à la vue de

toutes les misères non soulagées qui vous environnent. Or, nulle créature ne pourra résoudre à votre gré les problèmes que vous vous posez à vous-mêmes et que Satan vous suggère en présence des souffrances de ce monde. Mais le Consolateur satisfera votre coeur et votre esprit, si vous attendez avec foi et patience qu'Il vous enseigne toutes choses et vous conduise "dans toute la vérité" (Jn. 16:13).

"Ceux qui se confient en l'Eternel renouvellent leur force" (Esa. 40:31). Vous ne pouvez en aide aux autres si vous vous approchez d'eux affaibli par les doutes, les craintes et les perplexités. Ainsi donc, confiez-vous en l'Eternel, jusqu'à ce qu'Il fortifie votre coeur.

Ne vous impatientez point. Ne cherchez pas d'avance à comprendre ce que Dieu veut dire ou comment Il le dira. Il vous enseignera sûrement, mais vous devez Le laisser agir comme Il l'entend. Vous pourrez alors aider les autres avec toute la puissance et la sagesse de Jéhovah.

Vous devez vous assurer en Son amour et attendre le moment qu'Il a choisi, en vous reposant sur Lui, pour que Lui-même vous enseigne. Lorsqu'un chef d'Etat doit venir en son palais, les serviteurs ne l'attendent pas nonchalamment, pas plus qu'ils ne se mettent en quête d'un travail à faire, mais chacun s'acquitte de la besogne qui lui est assignée, préparant avec ardeur le venue de son chef. C'est ce que je veux dire par: s'attendre à Dieu. Si c'est ainsi que vous prenez soin de votre âme, vous ne risquez pas de dépasser la mesure; ne vous laissez donc détourner par qui que ce soit, ni par la persuasion, ni par la crainte du ridicule.

Insensé, le bûcheron qui croirait avoir trop de bois à couper pour prendre le temps d'aiguiser sa hache! Inutile, le serviteur qui courrait en ville faire des achats pour son maître, mais qui serait trop pressé pour prendre ses ordres et lui demander l'argent nécessaire! Combien donc plus insensé et plus inutile encore celui qui tenterait de faire l'oeuvre de Dieu sans avoir, au préalable, obtenu Sa force et Sa direction!

Un matin, après avoir présidé une demi-nuit de prière pendant laquelle j'avais travaillé dur, je me levai assez tôt pour passer encore une heure avec Dieu et ma Bible. Dieu fit descendre sur moi une bénédiction telle qu'elle m'arracha des larmes. Très ému, un Officier qui se trouvait avec moi m'avoua:

—Je ne trouve pas souvent Dieu dans la prière. Je n'en ai pas le temps.

Ceux qui ne trouvent pas Dieu dans la prière entravent sa course au lieu de la faire avancer.

Prenez le temps de prier. Renoncez au déjeuner, si c'est nécessaire, mais prenez le temps de vous approcher de Dieu; puis, quand Dieu se sera approché de vous et vous aura bénis, allez vers les malheureux qui vous entourent, et déversez sur eux les richesses de joie, d'amour et de paix que Dieu vous aura données. Mais ne partez pas avant de savoir que vous allez être revêtus de Sa puissance.

J'ai entendu le Fondateur dire une fois, dans un Conseil d'Officiers:

"Prenez chaque jour le temps de demander la bénédiction du Seigneur sur votre propre âme; si vous ne le faites pas, vous perdrez Dieu. Chaque jour Dieu se retire des hommes. Autrefois ils avaient la puissance; ils marchaient dans la gloire et la force du Seigneur; mais ils cessèrent d'espérer en Lui, de chercher Sa face avec ardeur, et Il les abandonna. Je suis un homme très occupé, néanmoins, je prends chaque jour le temps d'être seul avec Dieu et d'entrer en communion avec Lui. Si je ne le faisais pas, Il m'aurait bientôt abandonné."

Paul a dit: "Prenez donc garde [1°] à vous-mêmes et [2°] à tout le troupeau sur lequel le Saint-Esprit vous a établis évêques'' (Ac. 20:28). Et ailleurs: ''Veille [1°] sur toi-même et [2°] sur ton enseignement . . . car, en agissant ainsi, tu te sauveras toi-même, et tu sauveras ceux qui t'écoutent'' (1 Tim. 4:16).

Paul ne voulait pas nous inciter à l'égoïsme, en nous disant de veiller d'abord sur nous-mêmes; il voulait par cela nous enseigner, qu'à moins de veiller sur nous-mêmes pour que nos âmes soient constamment remplies de foi, d'espérance et d'amour, nous serions incapables de venir en aide à notre prochain.

CHAPITRE 12

La troupe de Gédéon

Cent vingt mille Madianites s'étaient avancés pour combattre Israël et trente-deux mille Israélites avaient pris les armes pour défendre, contre eux, leurs femmes, leurs enfants, leurs foyers, leur liberté, leur vie. Mais Dieu savait que, si un Israélite battait quatre Madianites, il serait à tel point gonflé d'orgueil qu'il oublierait le Seigneur et dirait: ''C'est ma main qui m'a délivré'' (Juges 7:2).

Le Seigneur savait aussi qu'il existait parmi eux des coeurs lâches, ne demandant qu'une excuse pour s'éloigner; c'est pourquoi Il dit à Gédéon: ''Que celui qui est craintif et qui a peur s'en retourne et s'éloigne de la montagne de Galaad'' (Juges 7:3). Plus tôt les peureux nous quitteront, mieux cela vaudra.—''Vingt-deux mille hommes parmi le peuple s'en retournèrent, et il en resta dix mille'' (v. 3).— Les fugitifs redoutaient de tourner leur visage vers l'ennemi, mais ils ne rougissaient pas de lui tourner le dos.

Le Seigneur vit que, si un Israélite battait douze Madianites, il serait encore plus gonflé d'orgueil: aussi soumit-il l'armée à une seconde épreuve et dit à Gédéon:

''Le peuple est encore trop nombreux. Fais-les descendre vers l'eau, et là je t'en ferai le triage; celui dont je te dirai: Que celui-ci aille avec toi, ira avec toi, et celui dont je te dirai: Que celui-ci n'aille pas avec toi, n'ira pas avec toi. Gédéon fit descendre le peuple vers l'eau, et l'Eternel dit à

Gédéon: Tous ceux qui laperont l'eau avec la langue comme lape le chien, tu les sépareras de tous ceux qui se mettront à genoux pour boire. Ceux qui lapèrent l'eau en la portant à la bouche avec leur main furent au nombre de trois cents hommes, et tout le reste du peuple se mit à genoux pour boire. Et l'Eternel dit à Gédéon: C'est par les trois cents hommes qui ont lapé, que je vous sauverai et que je livrerai Madian entre tes mains. Que tout le reste du peuple s'en aille, chacun chez soi. On prit les vivres du peuple et ses trompettes. Puis, Gédéon renvoya tous les hommes d'Israël chacun dans sa tente, et il retint les trois cents hommes'' (Juges 7:4-8).

Ces trois cents hommes étaient résolus; non seulement ils ne craignaient rien, mais ils n'avaient pas d'indulgence pour eux-mêmes. Ils savaient combattre et mieux encore: ils savaient renoncer à eux-mêmes. Ils savaient renoncer non seulement quand il y avait très peu d'eau, mais même quand une rivière coulait à leurs pieds. Ils ne souffraient certainement pas moins de la soif que les autres, mais ils ne songèrent pas à se dessaisir de leurs armes pour se pencher sur le fleuve et boire en présence de l'ennemi. Ils restèrent debout, les yeux ouverts, surveillant les mouvements de leurs adversaires, une main sur l'arc et le bouclier, tandis que de l'autre ils portaient l'eau à leur lèvres altérées. Les autres ne redoutaient sans doute pas la bataille; mais apaiser leur soif passait en première ligne, au risque de laisser l'ennemi s'abattre sur eux, tandis que, penchés sur le fleuve, ils buvaient à genoux. Il leur fallait avant tout prendre soin de leur petite personne, l'armée dût-elle être écrasée. Ils songeaient d'abord à eux-mêmes, et la pensée ne leur était jamais venue de se sacrifier pour le bien général; aussi, Dieu les renvoya-t-Il chez eux avec les craintifs et c'est avec ces trois cents hommes seulement qu'Il mit en déroute les Madianites. Un contre quatre cents! Plus rien là pour satisfaire l'amour-propre! Ils remportèrent la victoire et s'immortalisèrent, mais la gloire en revint à Dieu.

Il est des natures craintives qui ne peuvent supporter le rire ou le sarcasme, à plus forte raison ne peuvent-elles souffrir un ennemi résolu. Si elles ne parviennent pas à trouver force et hardiesse en l'Eternel, plus tôt elles quitteront le champ de bataille, mieux cela vaudra; qu'elles retournent à leurs femmes, à leurs enfants et à leurs familles!

Il est aussi un grand nombre de gens qui n'éprouvent aucune crainte; la bataille les réjouit plutôt. Ils aiment porter l'uniforme, vendre le journal de l'Armée, parcourir les rues et tenir tête à la foule; ils aiment chanter, prier et rendre témoignage en présence de leurs ennemis autant, sinon plus, que de rester au logis. Mais ils sont indulgents pour euxmêmes; s'ils tiennent à quelque chose, il faut qu'ils l'obtiennent, cela dût-il leur nuire et les rendre impropres à la lutte.

Je connais certaines personnes à qui le thé, les gâteaux et les sucreries sont nuisibles, mais elles aiment tout cela, et plutôt que d'y renoncer, elles courent le risque de contrister l'Esprit de Dieu et de ruiner leur santé, ce capital que Dieu leur a donné pour travailler à Son oeuvre.

Tel serviteur de Dieu n'ignore pas qu'un souper copieux avant une réunion pèse sur les organes digestifs, qu'il fait affluer le sang de la tête à l'estomac, alourdit l'esprit et rend l'âme moins sensible aux réalités spirituelles et moins apte à plaider avec Dieu dans la puissance et l'esprit d'Elie. Le témoignage ou la prédication y perdent en force et en clarté. Mais il a faim; et, trouvant du plaisir à tel ou tel mets, il flatte son palais, alourdit son estomac, gâte la réunion, désappointe les âmes avides et contriste la Saint-Esprit—tout cela, uniquement pour satisfaire les appétits de la chair.

Je connais aussi des gens qui ne peuvent veiller avec Jésus pendant une demi-nuit de prières sans prendre du café. Pouvez-vous imaginer Jacob interrompant sa lutte désespérée, pour aller prendre son petit déjeuner, alors qu'il lui faut la bénédiction de l'ange avant d'oser affronter son frère Esaü? Certes, il aurait pu avoir son café-au-lait s'il n'avait pas été aussi acharné. Mais en revenant au lieu du combat, il n'aurait plus trouvé personne. Il n'aurait pas non plus appris que Celui dont il reçut à la fois blessure et bénédiction, avait aussi touché le coeur d'Esaü? Et ce dernier se serait dressé devant Jacob, prêt, dans son irritation, à exécuter la menace de lui ôter la vie, formulée vingt années auparavant. Mais Jacob avait pris une résolution désespérée; il désirait tellement la bénédiction de l'Eternel qu'il oublia tout ce qui concernait son corps. Dans la ferveur de sa prière, il ne proféra pas une plainte quand il fut blessé par l'ange, et il obtint la bénédiction qu'il implorait (Gen. 32). Gloire à Dieu!

Tandis que, avec agonie, Jésus priait en Gethsémané, une sueur semblable à des grumeaux de sang tombant de Son front, Ses disciples dormaient, et Il fut affligé de ce qu'ils n'avaient pu veiller une heure avec Lui (Luc 22:39-46). De même aujourd'hui, combien doit-Il être affligé que tant d'hommes ne puissent, ou ne veuillent pas, veiller avec Lui, ni renoncer à la vie cachée du "moi" pour obtenir la victoire sur les puissances de l'enfer et arracher les âmes à l'abîme sans fond?

Nous lisons au sujet de Daniel (chap. 10:3) que, durant trois longues semaines, il s'abstint de toute nourriture agréable pour se livrer à la prière pendant tout le temps qu'il pouvait y consacrer, si grand était son désir de connaître la volonté de Dieu et d'obtenir Sa bénédiction! Aussi obtint-il, un jour, que Dieu lui envoya un ange pour lui dire: "Ne crains rien, homme bien-aimé!" (Dan. 10:19). Et Il lui révéla tout ce dont il désirait être instruit.

Dans les Actes (chap. 14:23) nous lisons que Paul et Barnabas priaient et jeûnaient—et non pas festoyaient—pour que le peuple fût béni avant leur départ. Ils s'intéressaient vivement au sort de ceux qu'ils devaient laisser derrière eux.

Moïse, Elie et Jésus jeûnèrent et prièrent durant quarante jours, et des oeuvres puissantes s'accomplirent aussitôt après.

De même, tous les grands hommes de Dieu ont appris à renoncer à eux-mêmes, à tenir leur corps assujetti (1 Cor. 9:27). C'est ainsi que Dieu, remplissant leur âme du feu divin, les a aidés à remporter la victoire envers et contre tous et les a rendus en bénédiction au monde.

Un homme ne doit pas se priver de nourriture ou de boisson au point d'en faire souffrir son corps, mais une nuit de veille, de jeûne et de prière ne fait de mal à personne. Celui qui, à l'occasion, est prêt à priver son corps dans l'intérêt de son âme et de celle des autres, recueillera des bénédictions qui l'étonneront lui-même et tous ceux qui le connaissent.

Mais cet empire sur soi-même doit être constant. Il ne servirait à rien de jeûner toute la nuit pour festoyer le lendemain. "Sois sobre en toutes choses!" (2 Tim. 4:5) disait l'apôtre; il aurait pu ajouter en tout temps.

Voyez le peuple de Gédéon! Il ne resta oisif ni la nuit, ni le matin de bonne heure; lorsqu'il attaqua l'ennemi et qu'il eut l'avantage sur lui, ce fut en s'y prenant dès l'aube.

Les gens qui ne se refusent rien, sous le rapport des aliments et de la boisson, sont disposés à en faire autant pour le sommeil. Mangeant tard le soir, ils ont le sommeil lourd, se sentent las le lendemain matin, et ont besoin d'une tasse de café fort pour éclaircir leurs idées. En raison de ce lever tardif, l'ouvrage du jour s'accumule; il leur reste à peine le temps de louer le Seigneur, de prier et de lire leur Bible. Puis les soucis quotidiens les assaillent; la joie du Seigneur ne trouve pas place en leur esprit, accaparé par toutes sortes de pensées. Jésus doit attendre qu'ils se soient acquittés de leur travail pour qu'ils prêtent l'oreille à Sa voix, et la journée entière est ainsi gâtée.

Oh! s'ils connaissaient le privilège et la joie débordante de se lever de bonne heure pour combattre les "Madianites"! Il y a tout lieu de croire que le Capitaine Gédéon, restant debout toute la nuit, réveilla son peuple à l'aurore, et que les Madianites furent vaincus et dispersés avant l'aube.

Quatre cent démons ne pourraient avoir raison de l'homme qui se fait une règle de se lever tôt pour louer le Seigneur, appeler la bénédiction de Dieu sur son âme et sur le monde entier. Ils ne tarderaient pas à s'enfuir.

Jean de la Fléchère* s'affligeait à la pensée qu'un laboureur pût se mettre à son travail quotidien avant qu'il fût debout lui-même pour louer Dieu et combattre le malin. Il disait: "Comment! le maître terrestre de cet homme mériterait un service plus prompt que mon Maître céleste?" Un autre homme de Dieu se lamentait lorsqu'il entendait le chant des oiseaux avant de s'être lui-même levé pour se livrer à l'adoration.

Nous lisons que Jésus se levait de bon matin et se retirait seul pour prier (Marc. 1:35). Josué se leva, lui aussi, de grand matin pour organiser les batailles contre Jéricho et Aï (Jos. 6:12 et 8:10).

John Wesley se couchait régulièrement à dix heures du soir—à moins qu'il ne passât la nuit en prières—pour se lever

*Né en Suisse. Ami intime de John Wesley. Il prit dans la suite le nom de John Fletcher.

à quatre heures. Six heures de sommeil lui suffisaient.

Aussi, à quatre-vingt-deux ans s'estimait-il un véritable miracle à ses propres yeux, n'ayant pas été malade un seul jour durant les douze années précédentes, n'ayant jamais éprouvé de fatigue, ni perdu une heure de sommeil, quoiqu'il eût parcouru, chaque année des milliers de kilomètres à cheval et en voiture, été comme hiver, prêché des centaines de sermons et accompli un labeur dont à peine un homme sur mille serait capable. Il attribuait tout cela à la bénédiction de Dieu, à la simplicité de sa vie, et à une conscience pure. Ce fut un homme sage et utile, attachant une telle importance à la question qu'il écrivit et publia un sermon sur "racheter le temps" consacré au sommeil.

Un Officier m'écrivait récemment qu'il prie le matin, quand son esprit est reposé, et avant que les soucis du jour se soient imposés à lui.

Faire partie de la troupe de Gédéon exige plus que beaucoup de gens ne peuvent l'imaginer, mais j'en fais partie, gloire à Dieu! et mon âme est remplie d'un feu dévorant.

Quel bonheur de vivre lorsqu'on appartient à une telle compagnie!

CHAPITRE 13

Ambassadeur dans les chaînes

Faites en tout temps par l'esprit toutes sortes
de prières et de supplications. Veillez à cela avec
une entière persévérance, et priez pour tous les
saints. Priez pour moi, afin qu'il me soit donné
... de faire connaître hardiment et librement le
mystère de l'Evangile pour lequel je suis ambas-
sadeur dans les chaînes ...

(Ephésiens 6:18-20)

Mon âme tressaillit un matin au dedans de moi en lisant l'appel de Paul aux prières de l'Eglise, lorsqu'il se déclara lui-même "ambassadeur dans les chaînes".

Vous savez ce qu'est un ambassadeur? C'est un homme qui représente son gouvernement auprès d'un autre. Sa personne est considérée comme sacrée; sa parole fait autorité. L'honneur et l'ascendant de son pays et de son gouvernement marchent à sa suite. Une offense ou un manque d'égards envers lui est une offense ou un manque d'égards à l'adresse du pays même qu'il représente.

Or, Paul était ambassadeur du Ciel, représentant le Seigneur Jésus auprès des nations de ce monde. Mais, au lieu d'être traité avec le respect et l'honneur dûs aux ambassadeurs, il fut jeté en prison et enchaîné entre deux soldats romains ignorants et probablement brutaux.

Ce qui émouvait mon âme, c'était le zèle inépuisable de cet homme et l'oeuvre accomplie dans de telles circonstances. La plupart des chrétiens auraient considéré leur tâche comme achevée ou du moins comme interrompue, jusqu'à ce qu'ils eussent recouvré la liberté. Pour Paul, il n'en fut pas ainsi. En prison et dans les fers, il écrivit quelques lettres qui ont été en bénédiction au monde entier, et qui le seront jusqu'à la fin des siècles. Elles nous enseignent, en outre, qu'un ministère peut s'exercer par la prière aussi bien que par l'action. Nous vivons dans un âge de travail incessant, d'activité fiévreuse et d'excitation, et nous avons besoin d'apprendre cette vérité.

Paul fut le plus actif de tous les apôtres; il a travaillé plus qu'eux tous (1 Cor. 15:10). Les jeunes Eglises étaient entourées d'ennemis implacables et placées dans les circonstances les plus critiques. Elles avaient besoin de lui. Mais destiné à être le principal apôtre des doctrines de l'Evangile du Christ, il devait être aussi le témoin par excellence de Sa puissance pour sauver et sanctifier dans les circonstances les plus pénibles.

Il est difficile sinon impossible—de concevoir une épreuve à laquelle Paul n'ait pas été soumis. Il déclare qu'aucune d'elles ne pouvait l'émouvoir. Adoré comme un dieu; fouetté et lapidé comme le plus vil des esclaves, il avait appris à être content de l'état où il se trouvait. Aussi pouvait-il triomphalement écrire, à la fin de sa vie: "J'ai combattu le bon combat, j'ai achevé la course, j'ai gardé la foi". Il ne recula jamais, ne murmura même pas, mais poursuivit sa course, confiant dans l'amour de Jésus, et par la foi en

Lui, devint plus que vainqueur en toutes choses (2 Cor. 11:23-33; 2 Tim. 4:7).

Beaucoup de Salutistes ont appris les leçons d'activité enseignées par Paul, mais il serait bon de nous préparer à apprendre aussi les leçons qui se dégagent de sa captivité. Il est doublement important pour les Officiers malades ou contraints au repos de se les approprier. Impatients de cette inaction prolongée, ils sont tentés de murmurer et de se plaindre, se croyant désormais inutiles. Cependant, Dieu peut les employer, dans la prière et la louange, pourvu qu'ils croient, se réjouissent, veillent et prient dans le Saint-Esprit, d'une manière plus efficace qu'Il ne le ferait en les plaçant à la tête d'un bataillon. Leur devoir est d'intercéder dans la prière pour ceux qui sont à l'oeuvre ou pour ceux qui ont besoin du salut de Dieu.

J'écris par expérience.

Pendant dix-huit mois, Dieu me laissa dans l'inaction de la maladie. Il me lia de Ses liens et j'eus à apprendre les leçons d'un ministère passif de prière, de louange, de patience; si j'avais refusé, j'aurais rétrogradé. Il semblait impossible que je pusse jamais reprendre mon activité, mais je ne me décourageai pas. Il m'aida à m'incliner devant Sa volonté et à demeurer dans le silence, l'âme calme et tranquille, "comme un enfant sevré qui est auprès de sa mère" (Ps. 131:2). Cependant, mon coeur soupirait après la gloire de Dieu et le salut des nations; je priai, m'intéressant à tout ce qui touchait la guerre du salut, et étudiai les besoins des autres parties du monde. Je priai jusqu'au jour où je sus que Dieu m'avait entendu et exaucé; mon coeur fut aussi réjoui que si j'eusse été au fort de la bataille.

Pendant ce temps, j'eus l'occasion de m'instruire du triste état où se trouvait plongé un grand pays; mon coeur saigna et je suppliai Dieu d'y envoyer le salut. Dans la prière secrète, comme dans la prière en famille, je répandis mon coeur devant Dieu, je sus qu'Il m'avait entendu et qu'Il ferait de grandes choses pour ce malheureux pays. Peu de temps après, j'entendis parler de terribles persécutions dans ce pays, et de l'expulsion d'un grand nombre de chrétiens simples et ardents. Tout en m'affligeant de leurs souffrances, je remerciai le Seigneur d'user de ce moyen pour répandre la clarté de Son glorieux salut dans cette contrée si déshéritée. L'Armée s'y est établie depuis.

Les Officiers malades et condamnés à l'inaction, tous les saints de Dieu, peuvent obtenir du Seigneur Sa bénédiction sur l'Armée et sur le monde, pourvu qu'ils gardent la foi et assiègent le trône de la Grâce de prières incessantes.

Il y a d'autres manières d'enchaîner les ambassadeurs de Dieu que de les jeter dans des cachots, entre des soldats romains. Malades sans espoir, vous êtes "enchaînés"; assiégés de soucis domestiques, vous êtes enchaînés; mais rappelez-vous les chaînes de Paul et prenez courage!

Quelquefois, d'anciens Officiers qui ont déserté leur poste, et dont les circonstances rendent impossible leur retour dans l'oeuvre, se lamentent sur leur sort et déclarent qu'ils ne peuvent plus rien faire pour Dieu. Qu'ils s'inclinent sous le jugement de Dieu et baisent la main qui les frappe, mais qu'ils cessent de s'irriter sous la chaîne qui les lie, et se mettant joyeusement, patiemment à exercer le ministère de la prière. S'ils sont fidèles, Dieu peut délier leurs chaînes et les ramener à un ministère plus heureux encore—celui de l'action. Esaü vendit son droit d'aînesse pour un plat de lentilles et perdit *la* puissante bénédiction qui eût pu être son lot, mais cependant il en reçut *une* (Gen. 27:38-40).

Pourquoi celui qui soupire réellement après la gloire de Dieu et le salut des âmes, et non après son propre plaisir, n'accepterait-il pas d'être étendu sur un lit de malade, ou debout dans un atelier, intercédant et priant, aussi bien que de prêcher sur une estrade, si Dieu veut bénir dans un cas comme dans l'autre?

L'homme qui prêche sur une estrade peut voir en grande partie les fruits de son travail; celui qui prie ne peut que les pressentir; mais sa certitude d'être en communion avec Dieu et employé à Son service, peut atteindre et même dépasser l'assurance de l'homme qui voit les résultats de son travail. Plus d'un réveil eut sa source secrète dans le réduit d'un obscur forgeron ou d'une pauvre blanchisseuse, qui priaient dans le Saint-Esprit tout en étant liés à une vie de dur travail quotidien. Celui qui prêche trouve déjà sa récompense sur la terre, mais l'ambassadeur enchaîné, négligé, méconnu ou méprisé, qui prie, aura une large part du triomphe final et marchera peut-être à côté du Roi, tandis que le prédicateur ne viendra qu'à sa suite.

Dieu juge autrement que les hommes. Il regarde au coeur et est attentif au cri de Ses enfants; Il marque pour la gloire future et une récompense infinie tous ceux qui soupirent après Sa gloire et le salut des hommes.

Dieu aurait pu délier Paul. Il ne trouva pas à propos de le faire. Cependant Paul ne murmura point, ne bouda point, ne se laissa point aller au désespoir, et ne perdit ni sa joie, ni sa paix, ni sa foi, ni sa puissance. Il pria, se réjouit et crut. Il songea au pauvre petit troupeau, aux faibles convertis qu'il avait laissés derrière lui; il leur écrivit, les porta sur son coeur, pleura sur eux, pria pour eux jour et nuit; par cela, non seulement il sauva son âme, mais il obtint de Dieu Sa bénédiction sur des milliers de créatures humaines qu'il n'avait jamais vues et dont il n'avait jamais entendu parler.

Qu'aucun de ceux qui sont appelés par Dieu à travailler à Son oeuvre, ne s'imagine que la leçon de l'ambassadeur dans les fers concerne ceux qui ont la liberté d'agir. Elle est pour ceux-là seuls qui sont dans les chaînes.

Recevoir avant de donner

On peut faire banqueroute spirituellement aussi bien que pécuniairement. Je puis être désireux de venir en aide aux pauvres au point de distribuer sans discernement tout mon avoir, devenant ainsi un indigent moi-même. Je puis de même être désireux de venir en aide aux âmes au point de dépenser tout mon capital spirituel. Je puis parler, parler et parler, sans m'attendre à Dieu pour me remplir de Son Esprit. C'est pure folie. Nous devrions attendre d'En Haut d'être revêtus de force, prendre le temps d'écouter ce que le Seigneur veut nous communiquer, et dire ensuite ce qu'Il trouve à propos de nous enseigner, mais rien d'autre; ensuite chercher Sa face, rester calmes et attentifs jusqu'à ce qu'Il nous remplisse à nouveau de Son Esprit. Si nous n'agissons pas ainsi, nous nous affaiblissons intérieurement; nous puisons à notre fonds de réserve et nous épuisons nos ressources mentales et spirituelles.

Notre désir de donner peut être si ardent que nous nous impatientons parfois d'avoir à espérer en Dieu pour recevoir ce qu'il nous faut, oubliant que Jésus a dit: "Sans moi vous ne pouvez rien faire" (Jn. 15:5).

Ceux qui ont été le plus en bénédiction à leur prochain ont pris le temps d'écouter la voix de Dieu et d'être enseignés par Lui.

CHAPITRE 14

La Foi: Grâce et Don

*. . . en sorte que vous ne vous relâchiez point, et
que vous imitiez ceux qui, par la foi et la persévérance, héritent des promesses.*

(Hébreux 6:12)

*Sans la foi il est impossible de lui être agréable;
car il faut que celui qui s'approche de Dieu croie
que Dieu existe, et qu'il est le rémunérateur de
ceux qui le cherchent.*

(Hébreux 11:6)

*Vous avez besoin de persévérance, afin qu'après
avoir accompli la volonté de Dieu, vous obteniez
ce qui vous est promis. Encore un peu, un peu de
temps: celui qui doit venir viendra, et il ne tardera pas!*

(Hébreux 10:36-37)

Il y a une différence importante entre la grâce de la foi
et le don de la foi; il est à craindre que, faute de noter cette
différence et d'agir en conséquence, beaucoup de gens ne
tombent dans les ténèbres, ne soient même entraînés à abandonner la foi et à se plonger dans l'effroyable nuit du scepticisme.

LA FOI: GRÂCE ET DON

La grâce de la foi est celle que tout homme reçoit pour agir, et c'est par elle qu'il peut venir à Dieu.

Le don de la foi nous est accordé par le Saint-Esprit, quand nous avons fait un libre usage de la grâce de la foi.

L'homme qui exerce la grâce de la foi dit: "Je crois que Dieu veut me bénir". Puis il cherche Dieu de tout son coeur. Il Le prie en secret et en public. Il sonde les Ecritures pour connaître la volonté de Dieu. Il s'entretient avec les chrétiens des diverses voies que Dieu suit dans Ses relations avec les âmes; il se charge de sa croix. Lorsqu'il a atteint ainsi les limites de grâce de la foi, le Seigneur, par une parole de l'Ecriture, un témoignage ou quelque raisonnement intérieur, lui accorde soudain le don de la foi, qui le rend capable de saisir les bénédictions qu'il recherche, de sorte qu'il ne dit plus: "Je crois que Dieu *veut* me bénir", mais qu'il s'écrie joyeusement: "Je crois que Dieu *me bénit*".

Le témoignage du Saint-Esprit lui confirme alors le fait, et il déclare avec un cri de joie: "Je *sais* que Dieu me bénit". Il ne désire pas qu'un ange vienne l'en informer, car il sait qu'il y a là une réalité et pas plus les hommes que les démons ne pourraient lui ravir cette assurance. En vérité, ce que je nomme "le don de la foi" pourrait aussi s'appeler: l'assurance de la foi, et sans doute est-ce là l'expression que certains emploient. Ce n'est du reste pas le nom, mais le fait qui importe.

Or, le danger consiste à réclamer le don de la foi avant d'avoir pleinement exercé la grâce de la foi. Par exemple: un homme cherche à obtenir la bénédiction d'un coeur pur. Il dit: "Je crois que cette bénédiction existe et que Dieu veut me l'accorder". Agissant donc en conséquence, il devra aussitôt chercher à l'obtenir de Dieu et, s'il persévère, il la trouvera certainement.

Mais si quelqu'un survient pour l'engager à la demander avant de s'être, par la grâce de la foi, frayé le chemin au travers des difficultés et des doutes qui s'élèvent devant lui, et avant que Dieu lui ait accordé le don de la foi, il ira probablement à la dérive pendant quelques jours ou quelques semaines, puis rétrogradera et en viendra probablement à la conclusion que la bénédiction d'un coeur pur n'existe pas. Il aurait fallu qu'il fût prévenu, instruit, exhorté et encouragé à chercher jusqu'à ce qu'il ait obtenu cette assurance.

Supposons encore qu'il soit malade et dise: "Dieu a souvent guéri des malades et je crois qu'Il veut me guérir". Possédant cette foi, il devrait chercher la guérison en Dieu et l'attendre de Lui. Mais si quelqu'un lui persuade de demander la guérison avant de s'être, par la foi, frayé un chemin au travers des difficultés qui se dressent devant lui, et avant que Dieu lui ait accordé le don de la foi par lequel il peut obtenir la guérison, il sortira peut-être de son lit pour quelque temps; mais bientôt il s'apercevra qu'il n'est pas guéri, se découragera et ira peut-être jusqu'à traiter Dieu de menteur, ou à déclarer qu'il n'y a pas de Dieu, et perdra à jamais la foi.

Supposons encore qu'il soit officier ou pasteur, et désire de tout son coeur voir les âmes sauvées. Il se persuadera que c'est la volonté de Dieu et se dira: "Je vais croire que vingt âmes seront sauvées ce soir", mais le soir venu ces vingt âmes ne sont pas sauvées. Il se demandera pourquoi il en est ainsi, le diable le tentera, il tombera dans le doute et probablement finira par le scepticisme. Que s'est-il passé? Il s'est efforcé de croire avant d'avoir sérieusement et intelligemment lutté, plaidé auprès de Dieu dans la prière et prête l'oreille à Sa voix, jusqu'à ce qu'Il lui donne la certitude que vingt âmes trouveraient le salut. Dieu est le rémunérateur de ceux qui Le cherchent (Héb. 11:6).

"Mais, objectera quelqu'un, ne devons-nous pas pres-

LA FOI: GRÂCE ET DON

ser ceux qui s'attendent à une bénédiction, de croire que Dieu la leur accorde?" Oui, si vous êtes certain qu'ils ont recherché Dieu de tout leur coeur, qu'ils ont pleinement exercé la grâce de la foi et s'abandonnent entièrement; engagez-les alors tendrement et instamment, à se confier en Jésus. Mais, si vous n'êtes pas sûr de cela, gardez-vous de les pousser à réclamer une bénédiction que Dieu ne peut encore leur accorder. Le Saint-Esprit seul connaît le moment où un homme est prêt à recevoir le don de Dieu. Il lui fera comprendre quand ce moment sera venu.

Prenez donc garde de ne pas tenter d'accomplir vous-même l'oeuvre du Saint-Esprit. En voulant aider outre mesure ceux qui cherchent, vous risquez de les voir mourir entre vos mains. Mais, si vous marchez tout près de Dieu, dans un esprit d'humilité et de prière, Il vous révèlera quelle est exactement la parole qui les aidera.

Encore une fois, que personne ne suppose que la grâce de la foi doive nécessairement être exercée longtemps avant que Dieu donne l'assurance. Vous pouvez recevoir la bénédiction presque immédiatement, si vous présentez votre requête avec un coeur parfait, avec ferveur, sans douter, sans la moindre impatience envers Dieu. Mais, comme le dit le prophète: "Si elle tarde, attends-la, car elle s'accomplira, elle s'accomplira certainement" (Hab. 2:3). "Encore un peu, un peu de temps: celui qui doit venir viendra, et il ne tardera pas" (Héb. 10:37). Si la bénédiction se fait attendre, ne croyez pas que, pour être retardée, elle vous soit refusée; mais, comme la Cananéenne qui vint à Jésus, adressez-Lui votre requête avec douceur et humilité, avec une foi inébranlable. Et bientôt Il vous répondra avec amour: O homme! ô femme, "ta foi est grande; qu'il te soit fait comme tu veux" (Mat. 15:28).

CHAPITRE 15

Ne discutez point

Il ne faut pas qu'un serviteur du Seigneur ait des querelles.

(2 Timothée 2:24)

Dans mes efforts pour vivre une vie sainte et irrépréhensible, j'ai été aidé par le conseil de deux hommes et l'exemple de deux autres.

1. Le commissaire Dowdle

Il y a quelques années, j'assistai à Boston à une nuit de prière. Ce fut une réunion bénie et ce soir-là nombre de personnes recherchèrent la bénédiction d'un coeur pur. On lut les Ecritures; bien des prières montèrent vers Dieu; on chanta beaucoup; bien des témoignages furent rendus, des exhortations entendues; mais de toutes les choses excellentes dites en cette nuit-là, il n'y en eut qu'une dont je me souvienne aujourd'hui; elle s'imprima dans ma mémoire de manière à ne s'en effacer jamais. Au moment de terminer la réunion, le commissaire Dowdle, s'adressant à ceux qui s'étaient avancés au banc des pénitents, leur dit: "Souvenez-vous de ceci: si vous voulez conserver un coeur pur, ne discutez pas!"

Vingt ans de pratique de la sainteté avaient dicté ce conseil qui retentit alors à mes oreilles comme la voix même de Dieu.

2. L'apôtre Paul

En écrivant au jeune Timothée, le vieil apôtre épanchait son coeur auprès de celui qu'il aimait comme un fils en l'Evangile. Il désirait l'instruire pleinement dans la vérité, afin que, d'une part, Timothée pût échapper à toutes les embûches du diable, marcher dans la voie d'un saint triomphe et dans la communion du Seigneur, et se sauver soi-même; afin qu'il pût, d'autre part, être accompli et propre à toute bonne oeuvre pour instruire et guider d'autres hommes vers le salut. Parmi plusieurs recommandations instantes qu'il lui adresse, celle-ci m'a particulièrement frappé: "Rappelle ces choses, en conjurant devant Dieu qu'on évite les disputes de mots, qui ne servent qu'à la ruine de ceux qui écoutent" (2 Tim. 2:14). J'en conclus que Paul conseillait d'aller droit aux coeurs, en faisant l'impossible pour les amener à Christ, les convertir et les sanctifier, plutôt que de discuter, perdre du temps et, peut-être aussi, la paix intérieure.

Ailleurs, il dit: "Repousse les discussions folles et inutiles, sachant qu'elles font naître des querelles. Or, il ne faut pas qu'un serviteur du Seigneur ait des querelles; il doit, au contraire, avoir de la condescendance pour tous, être propre à enseigner, doué de patience; il doit redresser avec douceur les adversaires" (2 Tim. 2:23-25).

Evidemment, l'apôtre attachait une grande importance à ce conseil; car il répète en écrivant à Tite: "Evite les discussions folles, les généalogies, les querelles, les disputes relatives à la loi; car elles sont inutiles et vaines" (Tite 3:9). Je suis certain que Paul avait raison en écrivant ainsi.

Il faut du feu pour allumer un feu, et il faut de l'amour pour susciter l'amour. Une froide logique ne conduira pas un homme à aimer Jésus; or, seul celui qui aime est né de Dieu (1 Jn. 4:7).

3. Le marquis de Renty

Ceux à qui l'Evangile a été enseigné dans toute sa pureté et dans toute sa simplicité, peuvent à peine réaliser l'effrayante obscurité au sein de laquelle des hommes—même s'ils appartiennent à des nations dites chrétiennes—doivent se débattre pour trouver la vraie lumière.

Il y a quelques centaines d'années, au sein de la noblesse française licencieuse et déréglée, en dépit d'une religion purement formaliste et mondaine, le marquis de Renty parvint à une pureté de foi, une simplicité de vie et de caractère et une communion sans nuage avec Dieu, qui furent à la gloire de l'Evangile et devinrent une bénédiction, non seulement pour les contemporains et les compatriotes du noble marquis, mais pour les générations à venir.

Par sa position sociale, sa richesse et ses aptitudes pour le commerce, il se trouva mêlé à différentes entreprises séculières et religieuses, dans lesquelles sa foi et sa sincérité brillèrent d'une manière remarquable.

En lisant sa biographie, il y a quelques années, je fus frappé de sa grande humilité, de sa sympathie pour les pauvres et les ignorants, de ses efforts pleins d'abnégation et de zèle pour les instruire et les sauver, de son activité, de la ferveur de ses prières et de ses louanges, de sa constante faim et soif de la plénitude de Dieu. Mais, ce qui m'impressionna plus que tout le reste, ce fut le soin avec lequel il évitait toute discussion, de n'importe quelle nature, dans la crainte de contrister le Saint-Esprit et d'éteindre la lumière de son âme. Chaque fois que des questions d'affaires ou de religion venaient à se discuter, il les examinait soigneusement, puis exprimait sa manière de voir et les raisons sur lesquelles il se basait, clairement, à fond, et tranquillement; après quoi, quelque chaude que pût devenir la discussion, il refusait absolument d'entrer dans le débat d'aucune manière. Son maintien calme et paisible ajoutait à la valeur de ses arguments et donnait une grande force à ses conseils. Mais, que ses vues fussent acceptées ou rejetées, il s'approchait ensuite de ses adversaires pour leur dire qu'en exprimant des sentiments contraires aux leurs, il n'entrait aucune idée d'animosité dans son exposition de ce qui lui semblait être la vérité.

En ceci, le marquis de Renty me semble avoir particulièrement pris pour modèle "la douceur et la bonté de Christ" (2 Cor. 10:1); son exemple m'a encouragé à suivre la même voie, afin de "conserver l'unité de l'esprit par le lien de la paix" (Eph. 4:3), tandis que j'aurais pu être entraîné dans des luttes et des disputes qui eussent obscurci mon âme et détruit ma paix, si même elles n'avaient pas entièrement chassé de mon coeur le Saint-Esprit.

4. Jésus

Les ennemis de Jésus cherchaient constamment à L'embarrasser et à L'entraîner dans des discussions, mais Il tournait toujours la question de manière à confondre Ses adversaires et les mettre dans l'impossibilité de répondre.

Ils vinrent un jour Lui demander s'il était juste de payer le tribut à César. Sans discuter, Il se fit apporter une pièce de monnaie et *demanda de qui en était l'effigie* (Mat. 22:15-22).

—De César, Lui répondit-on.

—Rendez donc à César ce qui est à César, et à Dieu ce qui est à Dieu, dit Jésus.

Une autre fois, on Lui amena une femme prise en flagrant délit d'adultère. Son coeur aimant fut touché de compassion pour la pauvre pécheresse; mais, au lieu de discuter avec ses accusateurs pour savoir si elle devait être lapidée ou non, Il dit simplement: "Que celui de vous qui est sans péché jette le premier la pierre contre elle" (Jn. 8:7). Et tous ceux qui composaient cette foule hypocrite, trouvant leurs combinaisons déjouées par Sa simplicité, se dérobèrent l'un après l'autre; la pécheresse resta seule avec son Sauveur.

Jamais, d'un bout à l'autre des Evangiles, on ne trouve Jésus engagé dans une discussion quelconque; Son exemple est pour nous d'une importance infinie.

Il est naturel à l'homme affectionné aux choses de la chair (Rom. 8:5) de faire face à l'opposition, mais nous devons être des hommes affectionnés aux choses de l'Esprit. Par nature, nous sommes fiers de nous-mêmes et de nos opinions, toujours prêts à résister obstinément à celui qui s'élève contre nous et nos principes. Avoir le dessus à tout prix, soit par la force de nos arguments, soit par celle des armes, telle est notre première préoccupation. La contradiction nous impatiente et nous rend prompts à juger les motifs d'autrui, en condamnant qui ne partage pas nos vues. Nous nous plaisons alors à parer notre promptitude et notre impatience du nom de ''zèle pour la vérité''. Il s'agit le plus souvent, en réalité, d'un zèle violent et irraisonné sans autre but que celui d'appuyer notre manière de voir. Or, je suis fortement incliné à croire que c'est un des derniers fruits de l'esprit charnel que la grâce puisse détruire: il me rappelle ces Cananéens qu'on laissait subsister au lieu de les détruire impitoyablement comme Samuel supprima Agag.

Pour nous, qui sommes devenus ''participants de la nature divine'' (2 Pi. 1:4), veillons à ce que cette racine de la nature charnelle soit entièrement détruite. Quand les hommes s'opposent à nous, ne discutons pas, ne nous laissons pas aller à l'injure, ne les condamnons pas, mais instruisons-les, non avec un air de sagesse supérieure ou de sainteté, mais avec douceur et amour, nous rappelant qu'il ne faut pas qu'un serviteur du Seigneur ait des querelles; qu'il doit, au contraire, ''avoir de la condescendance pour tous, être propre à enseigner, doué de patience'' (2 Tim. 2:24).

NE DISCUTEZ POINT

J'ai souvent remarqué qu'après avoir exposé clairement, pleinement, avec calme, ma manière de voir à ceux qui sont opposés à la vérité telle que je la comprends, je suis fortement tenté de chercher à avoir le dernier mot; mais j'ai observé aussi que la bénédiction de Dieu m'accompagne particulièrement quand je remets la chose entre Ses mains; du reste, en agissant ainsi, je viens le plus souvent à bout de mon adversaire. Je crois que c'est là le chemin de la foi et de la douceur. Bien qu'*en apparence* nous puissions passer pour vaincus, nous remportons d'ordinaire la victoire sur nos ennemis. Et, si nous possédons une véritable douceur, nous nous réjouirons davantage de les avoir amenés à la "connaissance de la vérité" que d'avoir remporté la victoire par nos arguments.

CHAPITRE 16

Ne laissez pas échapper la vérité

C'est pourquoi nous devons d'autant plus nous attacher aux choses que nous avons entendues, de peur que nous ne soyons emportés loin d'elles.
(Hébreux 2:1)

La vérité qui sauve les âmes ne se trouve pas aussi aisément que les galets qu'on ramasse sur la plage; c'est avec peine, comme l'or et l'argent qu'on découvre après avoir sondé et creusé le sol. Salomon dit:

> *Si tu appelles la sagesse,*
> *Et si tu élèves ta voix vers l'intelligence,*
> *Si tu la cherches comme l'argent,*
> *Si tu la poursuis comme un trésor,*
> *Alors tu comprendras la crainte de l'Eternel,*
> *Et tu trouveras la connaissance de Dieu.*
> (Proverbes 2:3-5)

L'homme qui parvient à la connaissance de la vérité devra faire usage de toute son intelligence, prier beaucoup, s'examiner sérieusement et renoncer à lui-même. Il devra écouter avec soin la voix de Dieu dans son âme; veiller, de peur de tomber dans le péché et la négligence, enfin, méditer jour et nuit la vérité de Dieu.

Obtenir le salut n'est pas aussi facile que d'aller à une partie de plaisir. Ceux qui possèdent la vérité au point d'en être de vivantes incarnations, ne sont pas arrivés à ce résultat sans efforts. Ils ont creusé pour trouver la vérité; ils l'ont aimée; ils ont soupiré après elle plus qu'après la nourriture journalière; ils ont tout sacrifié pour elle. S'ils sont tombés, ils se sont relevés; vaincus, ils ne se sont point abandonnés au découragement, mais au contraire, ont renouvelé leurs efforts avec plus de soin, de vigilance et d'ardeur. Ils ont considéré leur vie comme peu de chose, pourvu qu'ils parvinssent à la vérité. Ils ont regardé comme de la boue les biens du monde—richesses, aises, renommée, jouissances, plaisirs—dans leur poursuite de cette vérité qui sauve l'âme, comble le coeur, donne un sens à la vie, introduit en la présence de Dieu, apporte joie ineffable et paix parfaite. Et lorsqu'elle apparut à leurs yeux plus désirable que tous les trésors, ils l'ont trouvée. Mais, il faut aussi de la vigilance pour la conserver. Les richesses ont des ailes; elles s'envolent, si elles ne sont pas bien gardées. De même pour la vérité; elle s'échappera si l'on n'y prend garde. Elle peut s'acquérir, mais elle ne se vend pas (Prov. 23:23). Elle se perd peu à peu comme l'eau qui s'écoule par une fissure, non pas tout à coup, mais par degrés insensibles.

Voyez cet homme qui, autrefois, aimait ses ennemis et priait pour eux. Peu à peu, il en vint à négliger cette vérité: que nous devons aimer nos ennemis. Aussi, graduellement, l'amertume et l'aigreur remplacèrent l'amour et la prière.

Cet autre donnait sans compter son argent pour les pauvres et pour la diffusion de l'Evangile. Il ne s'effrayait point d'avoir à s'en remettre à Dieu pour tous ses besoins. Il était si rempli de la vérité que toute crainte était bannie, certain que, s'il cherchait premièrement le royaume de Dieu et Sa justice, toutes choses lui seraient données par-dessus (Mat. 6:33). Il ne craignait point que Dieu l'oubliât, l'abandonnât et laissât sa postérité mendiant son pain (Ps. 37:25). Il servait Dieu joyeusement et de tout son coeur, satisfait d'une croûte de pain, heureux et insouciant comme le passereau qui cache la tête sous son aile, et s'endort sans se préoccuper d'où lui viendra la nourriture, parce qu'il s'attend au grand Dieu qui ouvre Sa main et rassasie à souhait tout ce qui vit, donnant à chacun la nourriture en Son temps (Ps. 145:15-16). Mais peu à peu, Satan lui fit entendre la nécessité de la prudence; par degrés, il perdit de vue la paternelle fidélité de Dieu, et Sa sollicitude pour Ses créatures. Aujourd'hui, c'est un homme cupide, rapace, soucieux du lendemain, en tout point différent de son Seigneur bon et généreux.

Voici un autre homme: autrefois il priait sans cesse; il aimait prier et la prière était devenue la respiration même de son âme. Mais peu à peu, il perdit de vue cette vérité: qu'il faut toujours prier et ne point se relâcher. Aujourd'hui la prière n'est plus pour lui qu'une forme froide et sans vie.

Cet autre encore suivait d'abord assidûment les réunions. Mais il commença à perdre de vue que nous ne devons point abandonner nos assemblées, comme c'est la coutume de quelques-uns (Héb. 10:25); maintenant, il préfère aux réunions religieuses le théâtre et les promenades dans les rues et les jardins publics.

Celui-ci ne laissait échapper aucune occasion de rendre témoignage. Chaque fois qu'il rencontrait un camarade dans la rue, il éprouvait le besoin de lui parler de la grâce du Seigneur. Mais peu à peu, il se laissa aller aux propos insensés et aux plaisanteries, choses qui sont contraires à la bienséance (Eph. 5:4) et finalement oublia ces paroles solennelles de Jésus: ''Au jour du jugement, les hommes rendront compte de toute parole vaine qu'ils auront proférée'' (Mat. 12:36). Il ne se souvint pas que la Bible dit: ''La mort et la vie sont au pouvoir de la langue'' (Prov. 18:21) et que notre parole doit toujours être accompagnée de grâce et assaisonnée de sel (Col 4:6). Aussi, aujourd'hui, peut-il parler avec facilité de tout, sauf de religion personnelle et de sainteté. Son témoignage d'autrefois, profond et enflammé, qui remuait les coeurs, résonnait comme un avertissement terrible à l'oreille des pécheurs insouciants, encourageait les coeurs timides et abattus, qui apportait le courage et la force aux soldats comme aux saints, a été remplacé par quelques phrases toutes faites, sans résonance dans son propre coeur, et sans effet sur l'auditoire. Elles restent stériles comme des coquilles brisées dans un nid d'oiseau.

Voyez cette chrétienne: elle croyait de tout son coeur que les femmes faisant profession de piété devaient être ''vêtues d'une manière décente, avec pudeur et modestie, ne se parant ni de tresses, ni d'or, ni de perles, ni d'habits somptueux,'' mais ''de bonnes oeuvres'' (1 Tim. 2:9-10). Peu à peu, cependant, elle perdit de vue cette vérité—prêta l'oreille aux flatteuses suggestions du tentateur, et tomba aussi sûrement qu'Eve, lorsqu'elle écouta le serpent et mangea du fruit défendu. Maintenant, au lieu de vêtements modestes, elles porte bijoux, fourrures, habits somptueux; mais elle a perdu la parure incorruptible d'un esprit doux et paisible qui est d'un grand prix devant Dieu (1 Pi. 3:4).

Que doivent faire ceux qui ont perdu cette grâce?

Se rappeler d'où ils sont tombés, se repentir et pratiquer leurs premières oeuvres! (Ap. 2:5). Qu'ils creusent pour trouver la vérité, comme le mineur doit creuser la terre pour trouver l'or! Qu'ils la cherchent comme on cherche un trésor caché! Ils la découvriront à nouveau. Dieu est le rémunérateur de ceux qui Le cherchent (Héb. 11:6).

Ce sera peut-être un travail pénible, aussi pénible que l'extraction de l'or; une oeuvre lente, comme la poursuite d'un trésor caché; mais c'est une oeuvre sûre. "Cherchez et vous trouverez" (Mat. 7:7). C'est, de plus, une oeuvre nécessaire: la destinée éternelle de votre âme en dépend.

Par contre, que devront faire ceux qui possèdent la vérité pour ne point la laisser échapper?

1° Prendre garde à la parole de David: "Observez et prenez à coeur tous les commandements de l'Eternel" (1 Chron. 28:8).

2° Faire ce que Dieu commandait à Josué: "Que ce livre de la loi ne s'éloigne point de ta bouche; médite-le jour et nuit, pour agir fidèlement selon tout ce qui y est écrit" (Jos. 1:8).

Un jeune rabbin exprimait à son vieil oncle le désir d'étudier la philosophie grecque. En réponse le vieux rabbin lui cita ce texte: "Que ce livre de la loi ne s'éloigne point de ta bouche; médite-le jour et nuit, pour agir fidèlement selon tout ce qui y est écrit"; puis il ajouta: "Trouve, si tu le peux, une heure qui n'appartienne ni au jour ni à la nuit et consacre-la à l'étude des philosophes grecs".

L'homme béni de l'Eternel dont parle David est non seulement un homme

Qui ne marche pas selon le conseil des méchants,
Qui ne s'arrête pas sur la voie des pécheurs,
Et qui ne s'assied pas en compagnie des moqueurs;
                    (Psaume 1:1)
Mais remarquez-le, c'est un homme
Qui trouve son plaisir dans la loi de l'Eternel,
Et qui la médite jour et nuit!
                    (Psaume 1:2)

Si vous voulez retenir fermement la vérité, et ne pas la laisser échapper, vous devez lire, relire et relire encore votre Bible. Vous devez constamment remettre en votre esprit ces vérités, comme l'étudiant laborieux se rafraîchit constamment la mémoire en revoyant ses livres de classe, comme l'homme de loi qui veut réussir, étudie constamment des ouvrages de droit, ou le docteur ceux de médecine.

John Wesley après avoir lu, relu et relu encore la Bible toute sa vie, disait de lui-même dans sa vieillesse: *Sum homo unius libri* (Je suis l'homme d'un seul livre). La vérité s'échapera sûrement, si vous n'entretenez pas votre esprit par une lecture et une méditation constantes de la Bible.

La Bible est un livre de recettes divines pour rendre les hommes saints; vous devez suivre strictement ses instructions, si vous voulez devenir saint et semblable au Christ.

La Bible est le guide de Dieu pour montrer aux hommes le chemin du Ciel. Accordez donc une scrupuleuse attention à ses directions et suivez-les, si vous voulez y arriver.

La Bible est le divin livre de médecine qui indique les moyens de guérir les maladies de l'âme. Vous devez considérer avec soin son diagnostic et ses méthodes de guérison, si vous voulez la santé de votre âme.

Jésus dit: ''L'homme ne vivra pas de pain seulement, mais de toute parole qui sort de la bouche de Dieu'' (Mat. 4:4) et ailleurs: ''Les paroles que je vous ai dites sont esprit et vie'' (Jn. 6:63).

3° ''N'éteignez pas l'Esprit'' (1 Thes. 5:19). Jésus appelle le Saint-Esprit ''l'Esprit de vérité'' (Jn. 16:13). Si donc vous ne voulez pas laisser échapper la vérité, recevez en vos coeurs l'Esprit de vérité et priez-Le de demeurer en vous. Chérissez-Le dans votre âme; trouvez en Lui vos délices; vivez en Lui. Livrez-vous à Lui; confiez-vous en Lui; demeurez en communion avec Lui; considérez-Le comme votre

Ami, votre Guide, votre Maître, votre Consolateur. Ne Le regardez pas comme certains élèves considèrent leur maître, c'est-à-dire comme un ennemi dont il faut se défier, qui n'attend que l'occasion de punir, de gronder et de blâmer. Le Saint-Esprit pourra vous blâmer si c'est nécessaire, mais cette nécessité Le contriste; Son bonheur est de consoler et de réjouir les enfants de Dieu. Il est amour! Que Son saint nom soit béni! "N'attristez pas le Saint-Esprit de Dieu, par lequel vous avez été scellés pour le jour de la rédemption" (Eph. 4:30).

CHAPITRE 17

Vous avez perdu la bénédiction d'un coeur pur. Que faire?

Revenez, enfants rebelles, dit l'Eternel; car je suis votre maître;

Reconnais seulement ton iniquité, Reconnais que tu as été infidèle à l'Eternel, ton Dieu... et que tu n'as pas écouté ma voix...

Reviens, infidèle Israël! dit l'Eternel. Je ne jetterai pas sur vous un regard sévère; Car je suis miséricordieux, dit l'Eternel. Je ne garde pas ma colère à toujours.

(Jérémie 3:14, 13, 12)

La difficulté qu'éprouve le rétrograde à revenir à l'Eternel, provient de lui-même et non de Dieu. Il est difficile de se confier en celui qu'on a lésé; la difficulté s'accroît lorsqu'il s'agit d'un ami tendre et affectueux.

Voyez les frères de Joseph: ils lui avaient fait un tort grave en le vendant comme esclave. Aussi, en apprenant qu'il est vivant et qu'il les tient en son pouvoir, sont-ils remplis de crainte. Mais il les assure de sa bienveillance et finit par gagner leur confiance par sa bonté. Cette confiance, parfaite en apparence, dura jusqu'à la mort de Jacob, mais alors leurs craintes se ranimèrent: "Quand les frères de Joseph virent que leur père était mort, ils dirent: Si Joseph nous prenait en haine et nous rendait tout le mal que nous lui avons fait! Et ils firent dire à Joseph: Ton père a donné cet ordre avant de mourir: Vous parlerez ainsi à Joseph: Oh! pardonne le crime de tes frères et leur péché, car ils t'ont fait du mal! Pardonne maintenant le péché des serviteurs du Dieu de ton père! Joseph pleura en entendant ces paroles . . . Joseph leur dit: Soyez sans crainte; car suis-je à la place de Dieu? . . . Je vous entretiendrai, vous et vos enfants. Et il les consola en parlant à leur coeur" (Gen. 50:15-21).

Cher camarade rétrograde, reconnais ta difficulté dans cette simple histoire. Par ton péché, tu as offensé tout sentiment personnel de la justice, il te semble presque impossible de te confier en Jésus, ce Frère que tu as si profondément affligé; et cependant, Son tendre coeur se brise en voyant ta méfiance. "Et Joseph pleura et leur parla." A moins d'avoir commis le péché pour lequel il n'est pas de rémission —et tu ne l'as pas commis, s'il te reste le moindre désir de revenir au Seigneur —que ton premier pas soit de renouveler ta consécration à Dieu en confessant tes péchés; le second, et à vrai dire le seul, sera de t'écrier avec Job: "Voici, qu'il me tue, j'espérerai en lui" (Job 13:15, *Darby*). Tiens ferme cette espérance jusqu'à ce que tu aies reçu à nouveau le témoignage de ton acceptation.

Beaucoup de gens arrivés à ce point, s'étonnent de ne plus retrouver les émotions et la joie éprouvées au début de leur vie avec Dieu, et pour cette raison, ils se refusent à croire. Vous vous rappellerez qu'après leur entrée dans la terre de Canaan, les enfants d'Israël furent plusieurs fois emmenés en captivité. Pourtant, Dieu n'entr'ouvrit plus jamais pour eux les eaux du Jourdain, et ne les fit plus jamais entrer dans la Terre Promise de la même manière que la première fois. Le Seigneur dit: "Je ferai marcher les aveugles sur un chemin qu'ils ne connaissent pas, Je les conduirai par des sentiers qu'ils ignorent" (Esa. 42:16). Sachez-le bien. Si vous recherchez les émotions d'autrefois, si vous insistez sur la nécessité de parcourir les chemins connus, vous refusez d'avouer que vous êtes aveugles, en d'autres termes, vous entendez marcher par la vue et non par la foi. Vous devez vous abandonner entièrement au Saint-Esprit et Il vous conduira certainement dans la Terre promise. Cherchez seulement à être en règle avec Dieu. Quoi qu'Il vous ordonne de faire, faites-le. Confiez-vous en Lui, aimez-Le et Il viendra Lui-même à vous, car Jésus est devenu pour nous sanctification (1 Cor. 1:30). Ce n'est pas une bénédiction qu'il vous faut; il vous faut Celui qui bénit et que vous avez éloigné par votre incrédulité.

Un homme sanctifié depuis peu, disait à la Faculté de théologie de Boston: "Mes frères, j'ai étudié ici la théologie pendant trois ans, mais maintenant, j'ai *Theos* (Dieu) en moi". Que Dieu vous suffise, de quelque manière qu'Il se présente, que ce soit comme le Roi des rois et le Seigneur des seigneurs, ou comme un humble et simple charpentier! Qu'Il vous suffise et Il se révélera toujours plus pleinement à votre foi!

Ne vous laissez point effrayer par les lions; ils sont enchaînés. Prenez la ferme résolution de ne pas vous préoccuper de l'avenir; mais reposez-vous sur Lui en toute confiance pour le moment présent: "Ne vous inquiétez donc pas du lendemain; car le lendemain aura soin de lui-même" (Mat. 6:34).

Satan s'efforcera de vous faire douter de la possibilité de résister, surtout si vous avez perdu votre première joie par la désobéissance; il ne manquera pas de vous le jeter à la face. Mais rappelez-vous que le Seigneur a dit: "Ma grâce suffit" (2 Cor. 12:9). Ne vous inquiétez donc pas du lendemain.

Un cher camarade disait dans sa prière: "Mon Père, Tu sais l'angoisse intolérable que j'ai ressentie en regardant l'avenir, me demandant si je pourrais accomplir telle chose, à tel moment et dans tel lieu." On ne peut nier qu'il souffrait. L'unique et simple remède à sa souffrance consistait à ne pas regarder l'avenir, mais à prendre "le bouclier de la foi, avec lequel vous pourrez éteindre tous les traits enflammés du malin" (Eph. 6:16). Il souffrait de ces traits enflammés. Mais soyez assurés d'une chose: ce n'est pas Jésus qui vous torture par la pensée de l'avenir; au contraire, Il vous a ordonné de ne pas vous inquiéter du lendemain. "Résistez au diable, et il fuira loin de vous" (Jac. 4:7). Mais, quand le moment d'obéir est venu, il faut être fidèle, même au prix de la vie. "Sois fidèle jusqu'à la mort, et je te donnerai la couronne de vie" (Ap. 2:10). "Ils n'ont pas aimé leur vie jusqu'à craindre la mort" (Ap. 12:11).

Une femme qui avait perdu momentanément contact avec Jésus disait: "J'étais revenue à Jésus et je me confiais en Lui depuis quelque temps sans rien éprouver. Un jour une jeune fille étant venue chez moi, j'eus le sentiment que je devais lui parler de son âme. Cela me sembla *très* difficile, mais je dis au Seigneur que je serais fidèle; je parlai à la jeune personne, ses yeux se remplirent de larmes et mon coeur de joie. Celui qui bénit s'était approché de nous, et maintenant elle se confie humblement en Jésus.'' Donnez-vous de nouveau à Dieu dans une offrande et une consécration totales.

Une chrétienne, rétrograde depuis dix ans, mais revenue à Dieu et remplie du Saint-Esprit, disait un jour: ''Placez votre *tout* sur l'autel, ne le reprenez pas et le feu de l'Eternel viendra sûrement consumer le sacrifice.''

Faites-le, faites-le! Le Seigneur viendra sûrement si vous savez attendre, et vous *pouvez* attendre, en sentant que votre éternité en dépend.

C'est pourquoi, dit l'Eternel:

Revenez à moi de tout votre coeur,

Avec des jeûnes, avec des pleurs et des lamentations!

Déchirez vos coeurs et non vos vêtements,

Et revenez à l'Eternel, votre Dieu;

Car il est compatissant et miséricordieux,

Lent à la colère et riche en bonté,

Et il se repent des maux qu'il envoie.

(Joël 2:12-13)

CHAPITRE 18

Ceux qui gagnent les âmes par leurs prières

La prière fervente du juste a une grande efficace.
(Jacques 5:16)

Tous les grands gagneurs d'âmes ont été des hommes de prière, et tout grand réveil a été précédé d'un travail persévérant, accompli à genoux, dans le silence du cabinet. Avant d'entreprendre Son ministère, durant lequel de grandes multitudes le suivaient, Jésus passa quarante jours et quarante nuits dans le jeûne et la prière (Mat. 4:1-11).

Paul priait sans cesse, faisant jour et nuit monter vers Dieu ses supplications et ses intercessions (Ac. 16:25; Phil. 1:3-11; Col. 1:3, 9-11).

Le baptême du Saint-Esprit accordé le jour de la Pentecôte et les trois mille conversions opérées en ce jour, survinrent après dix jours de prières, de louanges, d'examen de soi-même et de la Bible. Les apôtres continuèrent à prier; de telle sorte qu'un autre jour, cinq mille personnes se convertirent et qu'*"une grande foule de sacrificateurs* obéissaient à la foi" (Ac. 2:4-6; 4:4; 6:4-7).

Luther avait l'habitude de prier trois heures chaque jour; il brisa les liens qui retenaient captives les nations.

John Knox passait des nuits entières en prière, criant à Dieu: "Donnez-moi l'Ecosse ou je meure" et Dieu lui donna l'Ecosse.

Baxter priait avec tant de ferveur que son haleine humecta les murs de son cabinet d'études. Il fit passer sur tout le pays comme un déluge de salut.

Dans son journal qui, en intérêt, ne le cède guère qu'aux Actes des Apôtres, John Wesley nous parle à maintes reprises des nuits de prières dans lesquelles Dieu s'approchait et répandait sur l'assemblée une bénédiction presque tangible; c'est ainsi que lui et ses aides obtinrent le pouvoir de sauver l'Angleterre du paganisme et de susciter dans le monde entier un réveil de religion pure et agressive.

David Brainerd, couché sur le sol glacé, enveloppé dans une peau d'ours et crachant le sang criait à Dieu de sauver les Indiens. Dieu l'entendit, convertit et sanctifia, par vingtaines et centaines, ces pauvres hommes ignorants, païens, querelleurs et buveurs.

A la veille de prononcer le sermon d'où jaillit le réveil qui bouleversa la Nouvelle-Angleterre, Jonathan Edwards passa toute la nuit en prière avec quelques amis.

En Ecosse, un jeune homme du nom de Livingstone devait prêcher un jour, devant une grande assemblée. Ayant le sentiment de son impuissance et de son absolue faiblesse, il passa la nuit en prière; et le lendemain il fit entendre une prédication par laquelle cinq cents personnes furent converties. Gloire à Dieu! O Seigneur, suscite parmi nous des hommes de prière!

Finney priait jusqu'à ce que des communautés entières fussent sous l'action du Saint-Esprit; les hommes ne pouvaient pas résister à cette puissante influence. Excédé de fatigue à la suite de tant de travaux, il se laissa persuader par des amis d'aller prendre un peu de repos sur les bords de la

Méditerranée. Mais le salut des âmes lui tenait trop à coeur pour qu'il pût rester inactif. A son retour, l'évangélisation de monde devint son unique préoccupation; son âme était dans l'angoisse au point qu'il priait des journées entières, jusqu'à ce qu'un soir, il reçut enfin l'assurance que Dieu accomplirait cette oeuvre. En arrivant à New-York, il fit entendre ses Discours sur les Réveils qui, publiés en Amérique et ailleurs, amenèrent des réveils à travers le monde entier. Ses oeuvres, tombées entre les mains de Mme. Booth exercèrent sur elle une immense influence. L'Armée du Salut est certainement, dans une grande mesure, la réponse de Dieu aux prières intenses de cet homme (Finney) intercédant auprès de Dieu jusqu'à l'agonie, luttant avec Lui jusqu'à l'exaucement.

Un jeune évangéliste américain, arraché au catholicisme, provoque, partout où il porte ses pas, une "trombe de réveil", qui bouleverse les lieux où il passe et amène des centaines de conversions. Je me demandais quel pouvait bien être le secret de son pouvoir. Je l'appris d'une dame chez laquelle ce jeune homme logeait. "Il prie, me dit-elle, sans interruption; on ne l'arrache qu'avec peine pour ses repas à sa puissante lutte avec Dieu".

Avant de me joindre à l'Armée, je conversais un jour avec le Dr Cullis de Boston, cet homme à la foi si simple et si prodigieuse. Il me montra quelques photographies, parmi lesquelles celle de Bramwell Booth.

"Voilà, dit le docteur, l'homme qui dirige les plus puissantes réunions de sanctification dans toute l'Angleterre".

Il me parla alors des fameuses réunions de Whitechapel. En me rendant en Angleterre, je résolus, s'il était possible, d'en découvrir le secret.

"Au début, me dit un officier, M. Bramwell dirigeait des réunions de jeunes gens au Quartier Général et demandait à tous ceux qui étaient sauvés de passer chaque jour cinq minutes, *seuls* avec Dieu, partout où ils le pourraient, afin de prier pour ces réunions du vendredi. L'un d'eux— aujourd'hui lieutenant-colonel—alors employé dans un grand magasin, devait se réfugier dans une caisse d'emballage, afin de s'isoler et de pouvoir prier cinq minutes seul."

Dieu n'a pas changé; Il est prêt à répondre au désir de ceux qui prient.

Un officier bien connu avait l'habitude de passer en prières la nuit du samedi; et tout le monde sait quel merveilleux gagneur d'âmes il était. Ses réunions produisaient de puissants bouleversements spirituels.

Quant à moi, j'aimerais mille fois mieux être à sa place avec un tel pouvoir sur Dieu et sur les hommes, que d'être un chef d'Etat.

Finney parle d'une Eglise, témoin d'un réveil constant durant treize ans. Le réveil cessa subitement, et chacun en demandait la raison avec inquiétude. Un jour, dans une réunion, un homme se leva en larmes. Il raconta que, pendant treize ans, il avait prié chaque samedi jusqu'après minuit, pour que Dieu se glorifiât et sauvât des âmes; mais deux semaines auparavant, il avait cessé de prier en vue de ce but et le réveil s'était arrêté. Si Dieu répond aux prières d'une telle manière, quelle redoutable responsabilité nous avons à cet égard!

Oh! puissions-nous avoir un soldat saint dans chacun des Postes de l'Armée, ou un membre fidèle dans chaque Eglise, qui voulût passer la moitié de la nuit du samedi en prière! Voici du travail pour les Officiers condamnés au repos et pour tous ceux qui ne peuvent se joindre à l'oeuvre de l'Armée en raison de difficultés insurmontables. Ils peuvent agir en restant à genoux! Que personne n'imagine que ce soit là une oeuvre *facile*; elle devient parfois une douloureuse agonie, mais une agonie qui, plus tard, se transforme en joie dans l'union et la communion avec Jésus. Rappelons-nous comment Jésus priait!

Dernièrement, un capitaine qui prie une heure ou deux chaque matin, une demi-heure avant sa réunion du soir, et qui a amené au salut un grand nombre d'âmes, se lamentait auprès de moi d'avoir souvent à se faire violence pour prier en secret. En ceci, il est tenté et éprouvé comme ses frères; il en est de même pour tous les hommes de prières. Le pasteur Bramwell Booth, qui voyaient des centaines de personnes se convertir et chercher la sanctification lorsqu'il prêchait, priait six heures par jour, mais avouait qu'il ne commençait jamais à prier qu'à contre-coeur. Il devait, lui aussi, se faire violence. Au début, sa prière semblait aride; mais il persévérait dans la foi, les lieux s'ouvraient, et il luttait avec Dieu jusqu'à ce qu'il eût remporté la victoire. Quand ensuite il prêchait, les nuages éclataient et une pluie de bénédictions descendait sur l'assemblée.

Quelqu'un demandait un jour pourquoi M. Bramwell pouvait toujours dire des choses nouvelles et si riches d'inspiration pour ses auditeurs. "Il habite si près du Trône, que Dieu lui révèle Ses secrets et qu'il nous les répète ensuite", lui répondit-on.

Le pasteur John Smith dont la vie, à ce que me dit un jour le Général Fondateur, avait été pour lui une merveilleuse inspiration, passait également un temps considérable en prière. Il trouvait toujours difficile de commencer; puis il entrait dans une telle communion avec Dieu qu'il lui était dur de s'arrêter. Où qu'il allât, un puissant réveil survenait.

Ce peu d'empressement pour la prière secrète peut provenir de plusieurs causes:

1° Des mauvais esprits. Il doit peu importer au diable de voir la majorité des gens tièdes ou froids à genoux en public, car il sait que, pour la plupart, c'est une simple affaire

118

de convention; mais il ne peut supporter de voir un homme à genoux dans le secret de son cabinet, car il n'ignore pas que, si cet homme persévère dans la foi, il amènera le Seigneur et le ciel tout entier à s'occuper des intérêts qu'il présente. Aussi les démons s'acharnent-ils contre lui.

2° D'une certaine paresse du corps et de l'esprit, causée par la maladie, la perte du sommeil ou le sommeil trop prolongé, ou encore par une nourriture trop abondante qui fatigue les organes digestifs, alourdit le sang et engourdit les facultés de l'âme les plus nobles et les plus élevées.

3° Du manque d'empressement à obéir quand l'Esprit nous incite à la prière secrète. Si, à ce moment précis où Il nous parle, nous hésitons et continuons notre lecture ou notre conversation, l'esprit de prière s'éteindra.

Nous devrions considérer avec joie la pensée d'être seuls avec Jésus dans une prière et une communion intimes, de la même manière que des fiancés anticipant le plaisir et la joie qu'ils auront dans la societé l'un de l'autre.

Nous devrions répondre à l'instant même, quand l'appel intérieur nous invite à la prière, "Résistez au diable, et il fuira loin de vous" (Jac. 4:7). "Je traite durement mon corps—dit Paul—et je le tiens assujetti, de peur d'être moi-même rejeté, après avoir prêché aux autres" (1 Cor. 9:27).

Jésus dit: "qu'il faut toujours prier et ne point se relâcher" (Luc 18:1) et Paul dit: "Priez sans cesse" (1 Thes. 5:17).

Un homme de prière, intrépide et plein de foi, aura parfois la victoire sur toute une ville, sur toute une nation. Ce fut le cas d'Elie au Mont Carmel; de Moïse, pour Israël qui s'était détourné de Dieu; de Daniel à Babylone. Si un certain nombre de personnes peuvent arriver à prier ainsi, la victoire sera éclatante. Que, surtout, nul ne s'imagine, d'un coeur mauvais et incrédule, que Dieu hésite et soit peu disposé à répondre à la prière. Il est plus disposé à répondre à ceux dont le coeur est droit devant Lui, que ne le sont les parents à donner du pain à leurs enfants. Lorsque Abraham pria pour Sodome, Dieu répondit jusqu'à ce qu'Abraham eût cessé de demander (Gen. 18:22-23). Le prophète Elisée s'irrita contre le roi qui ne frappa que trois fois, quand il eût du frapper cinq ou six fois (2 Ro. 13:18-19). Dieu ne s'irritera-t-Il pas de même contre nous, lorsque nous Lui présentons, bien timidement, d'insignifiantes requêtes?

Allons donc hardiment au trône de la grâce et demandons beaucoup, afin que notre joie soit parfaite! (Héb. 4:16).

CHAPITRE 19

Témoins modernes de la puissance de la résurrection

Il y a plusieurs années, je priai avec une jeune femme qui désirait être sanctifiée. Je lui demandai si elle était disposée à renoncer à tout pour Jésus. Elle répondit affirmativement. Résolu à la soumettre à une rude épreuve, je lui demandai encore si elle consentirait à partir pour l'Afrique comme missionnaire. Elle répondit: "Oui". Nous nous mîmes alors à genoux et, pendant la prière, elle éclata en pleurs en s'écriant: "O Jésus!"

Elle n'avait jamais vu Jésus. Elle n'avait jamais entendu Sa voix et, jusqu'à cette heure-là, concevait la révélation du Sauveur à l'âme autant qu'un aveugle-né peut se représenter un arc-en-ciel. Maintenant elle Le connaissait! Lui dire que Jésus venait de se révéler à son âme, était aussi peu nécessaire que d'allumer une chandelle pour voir le lever du soleil. Le soleil apporte sa propre lumière; il en est de même de Jésus.

Elle Le connut, l'aima et se réjouit en Lui "d'une joie ineffable et glorieuse" (1 Pi. 1:8), et dès cette heure Lui rendit témoignage. Elle Le suivit en Afrique même, pour Lui gagner les païens, jusqu'au jour où Il lui dit: "Cela suffit, monte plus haut, entre dans la joie de ton Seigneur"—et elle monta au ciel pour contempler Sa gloire, non plus à travers un voile, mais dans toute Sa splendeur.

Cette jeune femme fut un témoin de Jésus, attestant qu'Il n'est pas mort, mais vivant, un témoin de Sa résurrection!

De pareils témoins sont nécessaires en tout temps, aujourd'hui comme aux jours des apôtres. Le coeur de l'homme est aussi mauvais, son orgueil aussi opiniâtre, son égoïsme aussi universel, et son incrédulité aussi obstinée qu'à n'importe quelle autre époque de l'histoire du monde; il faut un témoignage toujours aussi puissant pour soumettre les coeurs et faire naître en eux une foi vivante.

Deux sortes de témoignages sont aussi nécessaires l'un que l'autre pour faire accepter à l'homme la vérité et le salut: le témoignage de l'histoire et celui d'hommes qui nous entourent et qui disent ce dont ils sont certains.

Dans la Bible et dans les écrits des premiers chrétiens, nous avons le témoignage historique du plan de Dieu envers les hommes et de Ses relations avec eux; de la vie, de la mort et de la résurrection du Seigneur Jésus et de la venue du Saint-Esprit. Mais ces récits, à eux seuls, ne suffisent pas à détruire l'incrédulité de l'homme, à l'amener à une humble et joyeuse soumission à Dieu et à une foi enfantine en Son précieux amour. Ils peuvent produire une foi historique, c'est-à-dire amener à croire ce qu'ils disent de Dieu, de l'homme, du péché, de la vie, de la mort et du jugement, du ciel et de l'enfer, comme nous croyons ce que l'histoire nous raconte au sujet de César, de Napoléon ou de Washington. Cette foi peut amener les hommes à être religieux, à bâtir des temples, à renoncer à eux-mêmes, à organiser différentes formes de culte, à abandonner les grossiers péchés extérieurs, et à mener une vie honorable et morale tout en les laissant morts à Dieu; elle ne les amène pas à cette union vivante avec le Seigneur Jésus qui détruit le péché intérieur et extérieur, enlève la crainte de la mort et remplit l'âme de la joyeuse espérance de l'immortalité.

La foi qui sauve est celle qui fait entrer la vie et la puissance de Dieu dans l'âme—la foi qui rend l'orgueilleux humble, le caractère emporté patient, l'avare libéral et généreux, le voluptueux pur et chaste, l'être querelleur doux et calme, le menteur véridique, le voleur honnête, l'insensé grave et réfléchi; la foi qui purifie le coeur, qui dirige sans cesse les regards vers le Seigneur, et remplit l'âme d'un amour humble, saint et patient pour Dieu et les hommes.

Pour faire naître cette foi, il ne faut pas seulement la Bible avec ses témoignages historiques, il faut aussi le témoignage vivant de celui qui a "goûté la bonne parole de Dieu et les puissances du siècle à venir" (Héb. 6:5); qui sait que Jésus n'est pas mort, mais vivant; qui peut témoigner de la résurrection parce qu'il connaît le Seigneur ressuscité qui s'est appelé Lui-même "la Résurrection et la Vie" (Jn.11:25).

Je me rappelle une jeune fille de Boston dont le témoignage calme et sérieux attirait à nos réunions des foules de gens désireux de l'entendre. Un jour que nous étions ensemble dans la rue, elle me dit: "Hier, pendant que je me préparais dans ma chambre pour aller à la réunion, Jésus s'approcha de moi; je Le sentis tout près et reconnus Sa présence".

Je répliquai: "Nous pouvons avoir le sentiment de Sa présence plus que de celle de tout autre ami terrestre". Alors, à ma grande surprise et à ma profonde joie, elle me répondit: "Oui, car Il est dans nos coeurs".

Paul devait être un de ces témoins-là pour conduire les Gentils au salut. Il n'avait pas assisté à la résurrection, au sens littéral du mot, il n'avait pas vu Jésus en personne, mais, au sens élevé et spirituel, le Fils de Dieu s'était révélé en lui (Gal. 1:16), et son témoignage fut aussi puissant pour convaincre les hommes de la vérité et détruire leur incrédulité que celui de Pierre ou de Jean!

Ce pouvoir de servir de témoins n'est pas limité aux apôtres qui ont vécu auprès de Jésus, ni à Paul, choisi spécialement pour prêcher aux Gentils. Il est l'héritage de tous les croyants. Plusieurs années après la Pentecôte, Paul écrivait aux Corinthiens: ''Ne reconnaissez-vous pas que Jésus-Christ est en vous? à moins peut-être que vous ne soyez réprouvés'' (2 Cor. 13:5). Et, en s'adressant aux Colossiens, au sujet du mystère de l'Evangile, il dit: ''C'est Christ en vous, l'espérance de la gloire'' (Col. 1:27). En effet, c'est là le but élevé pour lequel Jésus promit d'envoyer le Saint-Esprit, quand Il dit: ''Quand le consolateur sera venu . . . il ne parlera pas de lui-même . . . il me glorifiera, parce qu'il prendra de ce qui est à moi et vous l'annoncera'' (Jn. 16:13-14).

Telle est l'oeuvre par excellence du Consolateur: révéler Jésus à la conscience spirituelle de chaque croyant individuellement, et ainsi purifier son coeur, détruire en lui toute disposition mauvaise et y implanter les dispositions et le caractère même de Jésus.

En effet, seul un baptême du Saint-Esprit, révélant la pensée et le coeur de Jésus, pouvait transformer en témoins véritables ces hommes qui avaient vécu avec Lui pendant trois années, et constaté par eux-mêmes Sa mort et Sa résurrection.

Il ne les envoya d'ailleurs pas immédiatement dans le monde pour proclamer ce fait à tous les hommes. Il demeura encore quelques jours avec eux, les enseignant, et au moment de monter au Ciel, au lieu de leur dire: Vous avez été avec Moi pendant trois ans, vous connaissez Ma vie et avez entendu Mes enseignements, vous avez été témoins de Ma mort et de Ma résurrection,—allez maintenant dans le monde et proclamez partout ces choses, nous lisons: "Il leur recommanda de ne pas s'éloigner de Jérusalem, mais d'attendre ce que le Père avait promis, ce que je vous ai annoncé, leur dit-il; car Jean a baptisé d'eau, mais vous, dans peu de jours, vous serez baptisés du Saint-Esprit . . . Vous recevrez une puissance, le Saint-Esprit survenant sur vous, et vous serez mes témoins" (Ac. 1:4, 5, 8).

Ils avaient vécu trois ans avec Lui, mais sans Le comprendre. Il leur avait été révélé corporellement. Maintenant, Il allait leur être révélé par l'Esprit. En cette heure-là, ils reconnurent Sa divinité; ils comprirent Son caractère, Sa mission, Sa sainteté, Son amour éternel et Sa puissance de salut; il n'en eût pas été ainsi lors même qu'Il eût vécu en chair avec eux durant l'éternité. C'est ce qui fit dire à Jésus peu avant Sa mort: "Il vous est avantageux que je m'en aille, car si je ne m'en vais pas, le consolateur ne viendra pas vers vous" (Jn. 16:7). Sans le Consolateur, ils n'auraient su de Jésus que ce qu'ils avaient appris par Sa vie terrestre.

De quelle tendresse Jésus les aimait et comme Il désirait se faire connaître pleinement à eux! Aujourd'hui encore, Il a cette même ambition.

Or, c'est cette connaissance de Jésus que les pécheurs exigent des chrétiens avant de croire.

Or, s'il est vrai que l'enfant de Dieu peut connaître Jésus-Christ, que le Saint-Esprit l'instruit à cet égard, que Jésus Lui-même désire ardemment se révéler à lui, et que les pécheurs exigent que les croyants aient une telle connaissance avant qu'eux-mêmes puissent croire, chaque disciple de Jésus ne devrait-il pas Le chercher de tout son coeur, jusqu'à ce qu'il soit rempli de cette connaissance et de cette puissance nécessaires au témoignage? Du reste, cette connaissance devrait être recherchée, non seulement pour le bien du prochain, mais pour la consolation personnelle et la sécurité qu'elle donne au croyant lui-même, puisqu'elle est salut et vie éternelle. Jésus a dit: "La vie éternelle, c'est qu'ils te connaissent, toi, le seul vrai Dieu, et celui que tu as envoyé, Jésus-Christ (Jn. 17:3).

On peut savoir bien des choses au sujet du Seigneur, s'exprimer éloquemment sur Sa personne et Son oeuvre, et n'avoir cependant aucun lien personnel avec Lui. Un homme du peuple peut avoir appris beaucoup sur son souverain. Il peut croire à sa justice, se confier en sa clémence, sans l'avoir jamais vu; mais les membres de la famille royale seuls le connaissent réellement. La révélation totale du Seigneur Jésus est plus que la conversion; c'est le côté positif de l'expérience que nous appelons *coeur pur* ou *sainteté*.

Désirez-vous Le connaître de cette manière? Si oui, vous y parviendrez.

Tout d'abord, ayez la certitude du pardon de vos péchés. Si vous avez fait tort à quelqu'un, réparez ce tort dans la mesure du possible. Zachée dit à Jésus: ". . . je donne aux pauvres la moitié de mes biens, et, si j'ai fait tort de quelque chose à quelqu'un, je lui rends le quadruple" (Luc. 19:8). Jésus lui accorda le salut à l'instant. Soumettez-vous à Dieu, confessez vos péchés, confiez-vous en Jésus, et tous vos péchés vous seront pardonnés, aussi sûrement que vous vivez; car Dieu a dit: "J'efface tes transgressions comme un nuage" (Esa. 44:22) et "Je ne me souviendrai plus de tes péchés" (Esa. 43:25).

En second lieu, après avoir obtenu le pardon de vos péchés, venez à Lui avec votre volonté, votre affection, votre "moi", demandez-Lui de vous purifier de toute mauvaise pensée, de tout désir égoïste, de tout doute secret. Priez-Le de venir habiter dans votre coeur et de vous maintenir dans la pureté, afin de vous employer à Sa gloire. Cessez ensuite de lutter; marchez dans la lumière qu'Il vous accorde, et attendez avec foi et patience l'exaucement de votre prière. Vous serez bientôt "remplis jusqu'à toute la plénitude de Dieu" (Eph. 3:19). Parvenus à ce point, défendez-vous contre l'impatience; ne cédez ni aux craintes, ni aux doutes secrets, mais retenez fermement la profession de votre espérance car, suivant l'épître aux Hébreux: "Vous avez besoin de persévérance, afin qu'après avoir accompli la volonté de Dieu, vous obteniez ce qui vous est promis. Encore un peu, un peu de temps; celui qui doit venir viendra, et il ne tardera pas" (Héb. 10:36-37). Dieu viendra à vous. Il le veut! Et quand Il sera venu, Il satisfera les aspirations les plus élevées de votre coeur.

CHAPITRE 20

Le radicalisme de la sainteté

Ne reconnaissez-vous pas que Jésus-Christ est en vous? à moins peut-être que vous ne soyez ré-prouvés.

(2 Corinthiens 13:5)

Christ en vous, l'espérance de la gloire.

(Colossiens 1:27)

Ne croyez pas que vous puissiez rendre la sainteté populaire parmi les hommes. Cela est impossible. Il n'y a pas de sainteté réelle à moins que Christ ne soit en vous. Or, jamais Il n'obtiendra la faveur de ce monde. Pour les pécheurs et les esprits charnels, Jésus-Christ a toujours été et sera:

Comme un rejeton qui sort d'une terre desséchée . . . Méprisé et abandonné des hommes.
(Esaïe 53:2-3)

"Christ en vous" est "le même hier, aujourd'hui, et éternellement" (Héb 13:8)—haï, insulté, persécuté, crucifié.

"Christ en vous" n'est pas venu "apporter la paix sur

la terre, mais l'épée"; Il est "venu mettre la division entre l'homme et son père, entre la fille et sa mère, entre la belle-fille et sa belle-mère; et l'homme aura pour ennemis les gens de sa maison" (Mat. 10:35-36).

"Christ en vous" n'éteindra pas le lumignon fumant, Il ne brisera pas le roseau froissé (Mat. 12:20), mais Il prononcera, bien qu'avec larmes, les plus terribles malédictions contre le formalisme hypocrite et le croyant tiède qui, par leur compromis avec le monde, se font ennemis de Dieu. "Adultères que vous êtes! Ne savez-vous pas que l'amour du monde est inimitié contre Dieu? Celui donc qui veut être ami du monde se rend ennemi de Dieu" (Jac. 4:4). "Si quelqu'un aime le monde, l'amour du Père n'est point en lui" (1 Jn. 2:15).

Dans la demeure du pauvre, dans les repaires des êtres les plus abjects, "Christ en vous" ira chercher et sauver ceux qui sont perdus; Il leur dira avec douceur et tendresse: "Venez à moi, et je vous donnerai du repos"; mais au sein des splendeurs de l'église et de la cathédrale, où la pompe et l'orgueil, la conformité au monde se moquent de Dieu, Il s'écriera avec larmes et indignation: "Les publicains et les prostituées vous devanceront dans le Royaume de Dieu" (Mat. 21:31).

"Christ en vous" n'est pas l'aristocrate vêtu pompeusement de pourpre et de fin lin, d'or et de perles, c'est l'humble charpentier, aux mains calleuses, disant la vérité, serviteur des serviteurs, cherchant les places les plus humbles dans les synagogues et dans les festins, condescendant à laver les pieds de Ses apôtres, "qui ne se tourne pas vers les hautains" (Ps. 40:5) et n'a pas "sur la langue des paroles flatteuses" (Ps. 5:10).

Les paroles de l'Eternel sont des paroles pures.
Un argent éprouvé sur terre au creuset,
Et sept fois épuré.

(Psaume 12:7)

"La parole de Dieu est vivante et efficace, plus tranchante qu'une épée quelconque à deux tranchants pénétrante jusqu'à partager âme et esprit" (Héb. 4:12).

Cherchez à reconnaître et à suivre les traces du véritable Jésus, l'humble et saint paysan de Galilée; car en vérité beaucoup de faux christs, aussi bien que de faux prophètes, se sont répandus dans le monde (Mat. 24:24; 1 Jn. 4:1).

Ce sont des rêveurs, des christs poétiques. A chacun d'eux l'on peut appliquer les paroles du psalmiste:

Sa bouche est plus douce que la crème,
Mais la guerre est dans son coeur;
Ses paroles sont plus onctueuses que l'huile,
Mais ce sont des épées nues.

(Psaume 55:22-23)

Ce sont des christs à la mode du jour, "aimant le plaisir plus que Dieu, ayant l'apparence de la piété, mais reniant ce qui en fait la force [c'est-à-dire la sainteté du coeur] . . . Il en est parmi eux qui s'introduisent dans les maisons, et qui captivent des femmes d'un esprit faible et borné, chargées de péchés, agitées par des passions de toute espèce, apprenant toujours et ne pouvant jamais arriver à la connaissance de la vérité" (2 Tim. 3:4-7).

Il y a des christs mercantiles qui font de la maison de Dieu une caverne de voleurs (Mat. 21:13).

Il y a des christs distributeurs de nourriture, qui cherchent à captiver les hommes en rassasiant l'estomac plutôt que le coeur et l'esprit (Rom. 16:18).

Il y a des christs philosophes et savants, qui feront de

vous une "proie par la philosophie et par une vaine tromperie, s'appuyant sur la tradition des hommes, sur les rudiments du monde, et non sur Christ" (Col. 2:8).

Il y a des christs réformateurs politiques, oubliant les affaires de leur Père dans un effort absorbant pour élire ou être élus, afin de prendre place parmi les dirigeants de ce monde; traversant la moitié d'un continent pour aller discourir sur des questions de tempérance ou sur les droits de la femme, tandis qu'auprès d'eux des centaines de milliers de pécheurs prennent le chemin de l'enfer; des christs s'efforçant vainement de détruire les fruits aux branches au lieu de mettre hardiment la cognée à la racine de l'arbre mauvais (Mat. 3:10).

Un jour, la foule voulait faire Christ roi; Il s'y refusa, ne voulant régner que sur les coeurs. Elle voulut, une autre fois, L'établir comme juge. Il s'y refusa encore, s'étant dépouillé Lui-même (Phil. 2:7), tandis qu'Il aurait pu, en descendant du Ciel, s'arrêter au trône de la Rome impériale, ou se choisir un rang élevé parmi les classes supérieures de la société. Il quitta le sein de Son Père pour prendre la place la plus humble de la terre, se faisant le serviteur de tous, afin de nous élever jusqu'à Son Père, et de nous rendre participants de la nature divine et de Sa sainteté (Héb. 12:10; 2 Pi. 1:4).

"Christ en vous" va rejoindre les hommes pour les tirer de leur déchéance. S'Il se fût arrêté au trône, Il n'eût pu atteindre les pauvres pécheurs de Galilée, tandis qu'en descendant jusqu'à eux, Il ébranla le trône. Sans être populaire, "Christ en vous" s'abaisse, ne recherchant pas la gloire qui vient des hommes, mais celle qui vient de Dieu seul (Jn. 5:44; 12:42-43).

Un jeune homme riche vint un jour à Jésus et Lui demanda: "Bon Maître, que dois-je faire pour hériter la vie

éternelle?" (Luc 18:18). Le jeune homme sans doute raison-
nait ainsi en lui-même: "Le Maître est pauvre et je suis riche.
Il m'accueillera avec plaisir, car je puis Lui apporter le pres-
tige de ma position financière. Il est sans influence dans le
pays, j'appartiens à la classe de ceux qui gouvernent et je
puis Lui offrir la puissance politique. Le Maître est en quelque sorte au ban de la société par Son association avec de
pauvres pécheurs ignorants; moi, jeune chef fortuné, je puis
Lui donner l'influence sociale."

Mais le Maître frappa au coeur même de cette sagesse
mondaine et cette suffisance, en répondant au jeune homme
riche: "Vends tout ce que tu as, donne-le aux pauvres . . .
Puis, viens et suis-moi" (Marc 10:21). Autrement dit:
Viens, tu ne peux Me servir que dans la pauvreté, les reproches, l'humilité et l'obscurité sociale, car Mon royaume n'est
pas de ce monde (Jn. 18:36); et les armes de cette guerre ne
sont point charnelles, mais elles sont puissantes, par la vertu
de Dieu, pour renverser les forteresses (2 Cor. 10:4). Renonce à toi-même, car si tu n'a pas Mon esprit, tu n'es point à
Moi (Rom. 8:9), et Mon esprit est un esprit de renoncement. Il faut donc renoncer à ta riche demeure de Jérusalem
pour Me suivre, en te souvenant que le Fils de l'homme n'a
pas un lieu pour reposer Sa tête (Mat. 8:20). Tu ne seras
guère plus considéré qu'un vulgaire vagabond. Tu devras
sacrifier tes aises, abandonner tes richesses, car Dieu n'a-t-il
pas choisi les pauvres aux yeux du monde, pour qu'ils
soient riches en la foi et héritiers du royaume? (Jac. 2:5). Il
est plus facile à un chameau de passer par le trou d'une ai-
guille qu'à un riche d'entrer dans le royaume de Dieu (Mat.
19:24). Souviens-toi qu'en faisant cela, tu perdras ta réputation. Les banquiers et les gens du monde diront que tu as
perdu le sens, et tes anciens amis ne te salueront plus. Mon
coeur va vers toi; oui, Je t'aime (Mc. 10:21); Je te dis fran-

chement que tu ne peux être Mon disciple, si tu ne te charges pas de ta croix pour Me suivre. Celui qui vient à Moi et qui ne hait* pas père, mère, femme, enfants, frères et soeurs et même sa propre vie ne peut être Mon disciple (Luc. 14:26). Mais si tu fais tout cela, tu auras "un trésor dans le Ciel".

Ne comprenez-vous pas qu'il est impossible de rendre populaire un Evangile aussi radical? Cet esprit et l'esprit du monde sont aussi opposés l'un à l'autre que deux locomotives s'avançant sur la même voie, l'une contre l'autre, à cent kilomètres à l'heure. Le feu et l'eau ne s'associeront pas plus difficilement que "Christ en vous" et l'esprit du monde.

Ne perdez donc pas votre temps à chercher une sainteté qui puisse s'adapter au monde. Soyez saint parce que Dieu est saint. Cherchez à Lui plaire sans vous préoccuper de l'approbation ou de la désapprobation des hommes. Alors, ceux qui sont disposés à accepter le salut, verront bientôt "Christ en vous" et s'écrieront avec Esaïe: "Malheur à moi! je suis perdu, car je suis un homme dont les lèvres sont impures . . . et mes yeux ont vu le Roi, l'Eternel des Armées" (Esa. 6:5). Tombant à Ses pieds, ils diront avec le lépreux: "Seigneur, si tu le veux, tu peux me rendre pur" (Mat. 8:2-3). Et Jésus ayant compassion d'eux dira à chacun d'eux: "Je le veux, sois pur" (Mat. 8:3).

---

*C'est-à-dire qui n'aime pas Jésus par-dessus tout.

CHAPITRE 21

Paix parfaite

*A celui dont le coeur est ferme
Tu assures la paix, une paix parfaite,
Parce qu'il se confie en toi.*

(Esaïe 26:3, *Synodale*)

Quelle merveilleuse promesse! Chacun de nous devrait viser à en faire l'expérience. Le moyen est simple, du reste; il consiste à s'appuyer constamment sur le Seigneur. Cependant, malgré sa simplicité, il faut avouer que, pour la plupart des hommes, ce moyen n'est point facile. Ils préféreraient s'occuper d'affaires, de plaisirs, des nouvelles du jour, de politique, d'éducation, de musique, et même de l'oeuvre du Seigneur, plutôt que de s'occuper du Seigneur Lui-même.

Evidemment, les affaires et autres préoccupations doivent sans conteste occuper une partie de nos pensées, ainsi que l'oeuvre du Seigneur, si nous L'aimons, Lui et les âmes pour lesquelles Il a donné Sa vie; mais, de même que la jeune fiancée vit en pensée avec celui qu'elle aime, au milieu de son travail et de ses plaisirs, de même que la jeune femme entourée de préoccupations nouvelles, reste néanmoins en communion d'âme avec son mari, bien qu'il puisse être éloigné d'elle, de même aussi devrions-nous toujours être en pensée et en communion avec Jésus, dans une confiance

134

absolue en Sa sagesse, en Son amour et en Sa force; alors nous serons gardés dans une paix parfaite.

Songez-y! Tous les trésors de la sagesse et de la science sont cachés en Lui (Col. 2:3) et, malgré notre ignorance et notre folie, nous pouvons devenir "parfaits" en Lui (Col. 4:12). Nous ne comprenons peut-être pas, mais Il comprend; nous ne savons pas, mais Il sait; nous pouvons être perplexes, mais Il ne l'est pas. Nous devrions donc nous confier en Lui, si nous sommes à Lui, et demeurer dans une paix parfaite.

Bien des fois, ne sachant plus que faire, j'ai été consolé par la pensée que Jésus distinguait la fin dès le commencement et faisait concourir toutes choses à mon bien, parce que je L'aimais et me confiais en Lui. Jésus, Lui, ne se trouve jamais à bout de ressources, et quand nous sommes le plus troublés et confondus par le fait de notre folie et de notre vue bornée, Jésus, dans la plénitude de Son amour et l'infini de Sa sagesse et de Sa puissance, nous accorde les désirs de nos coeurs, pourvu que ce soit de saints désirs, car, n'est-il pas écrit: "Il accomplit les désirs de ceux qui le craignent"? (Ps. 145:19).

Jésus, non seulement est plein d'amour et de sagesse, mais Il nous déclare qu'ayant reçu tout pouvoir dans le ciel et sur la terre (Mat. 28:18), Il ne sera jamais empêché, faute de puissance, d'accomplir Ses desseins d'amour à l'égard des siens. Il peut incliner les coeurs des rois à faire Sa volonté, et Son fidèle amour agira, pourvu que nous ayons confiance en Lui. Rien de plus surprenant pour les enfants de Dieu confiants en Lui et attentifs à Ses voies, que de constater les délivrances admirables et inopinées qu'Il leur accorde et les instruments qu'Il emploie dans l'exécution de Sa volonté.

Nous désirons ardemment voir la gloire de Dieu et la prospérité de Sion. Nous intercédons et prions. Nous ne savons de quelle manière l'exaucement se produira; mais nous croyons néanmoins et nous nous attendons à Dieu. Alors, en réponse à nos prières et à notre foi persévérante, Il agira parfois de la manière la plus étonnante et par les moyens les plus inattendus. C'est ainsi qu'au milieu de tous les ennuis et des vexations de notre vie journalière, si nous avons la foi, et si nous continuons à nous réjouir en dépit des tracas, nous verrons que Dieu travaille pour nous; n'a-t-Il pas dit qu'Il est notre secours dans la détresse? (Ps. 46:2), et Il l'est pour tous ceux qui espèrent en Lui. Il y a peu de temps, le Seigneur m'a fait passer par une série de courtes épreuves, du caractère le plus pénible et de nature à me causer beaucoup d'ennuis. Or, tandis que je me confiais en Lui par la prière, Il me fit comprendre que si ma confiance en Lui s'accroissait en raison de mes difficultés, je continuerais à me réjouir et, comme Samson sortant le miel de la carcasse du lion qu'il avait tué (Jug. 14:5-9), je retirerais des bénédictions de mes épreuves. Ce qui ne manqua pas d'arriver. Béni soit Son saint nom!

J'appris à me réjouir, et les difficultés s'évanouirent l'une après l'autre, ne laissant subsister que la bénédiction du Seigneur et la douceur de Sa présence. Dès lors mon coeur fut gardé dans une paix parfaite.

Dieu ne permet-Il pas tout cela pour bannir l'orgueil de nos coeurs, pour nous humilier et nous faire comprendre que notre manière d'être envers Lui importe davantage que notre service? Ne le permet-Il pas pour nous enseigner à marcher par la foi et non par la vue et pour nous encourager à nous confier en Lui et à demeurer en paix?

Il doit se garder de confondre ''paix parfaite'' avec ''parfaite indifférence'', l'homme à la foi sincère mais timide, ou l'homme qui s'agite et fait beaucoup de bruit, comme si, sans lui, la terre s'arrêterait de tourner ou courrait à sa ruine.

L'indifférence est fille de la paresse, mais la paix procède d'une foi ferme et sans cesse agissante. La foi est, entre les mains des hommes, l'instrument le plus noble et le plus puissant, puisque par elle ils "vainquirent des royaumes, exercèrent la justice, obtinrent des promesses, fermèrent la gueule des lions, éteignirent la puissance du feu, échappèrent au tranchant de l'épée, guérirent de leurs maladies, furent vaillants à la guerre, mirent en fuite des armées étrangères . . . recouvrèrent leurs morts par la résurrection" (Héb. 11:33-35).

Pour exercer cette foi puissante qui assure une paix parfaite, nous devons recevoir le Saint-Esprit dans nos coeurs, et Le reconnaître, non comme une influence ou un attribut de Dieu, mais comme Dieu Lui-même, Il est une Personne. Il nous fera connaître Jésus, comprendre Son esprit et Sa volonté, et nous donnera le sentiment de Sa présence constante par la foi en Lui. Jésus se tient toujours à nos côtés, et si nous soupirons après Lui, Il nous aidera toujours à fixer notre esprit sur Lui.

Il faudra cependant, de notre part, un certain effort; car le monde, les affaires, la faiblesse de la chair, les infirmités de notre esprit, l'insouciant exemple de ceux qui nous entourent, et le diable avec toutes ses ruses, cherchent à détourner nos pensées du Seigneur et à nous Le faire oublier, de sorte que, même par un effort prolongé à l'heure de la prière, nous avons de la peine à trouver réellement Dieu.

Cultivons donc l'habitude de la communion avec Jésus. Si nos pensées se sont éloignées de Lui, ramenons-les à Lui, mais tranquillement, patiemment. En effet, l'impatience même envers nous-mêmes, est dangereuse, parce qu'elle trouble notre paix intérieure, fait taire la voix de l'Esprit et empêche la grâce de Dieu de maîtriser et de soumettre nos coeurs.

Mais si, dans la douceur et l'humilité de coeur nous permettons au Saint-Esprit d'habiter en nous et si nous obéissons à Sa voix, Il gardera nos coeurs dans une sainte sérénité, au milieu de tous nos soucis, de nos faiblesses et de nos inquiétudes.

"Ne vous inquiétez de rien; mais en toute chose faites connaître vos besoins à Dieu par des prières et des supplications, avec des actions de grâces. Et la paix de Dieu, qui surpasse toute intelligence, gardera vos coeurs et vos pensées en Jésus-Christ" (Phil. 4:6-7).

CHAPITRE 22

Quelques-unes de mes expériences dans l'enseignement de la sainteté

Je reçus un jour d'un des jeunes officiers les plus dévoués que je connaisse, une lettre dans laquelle il disait: ''J'aime de plus en plus la sainteté, mais je me décourage à ce sujet. Il me semble que je ne pourrai jamais l'enseigner à d'autres, car je mets le but ou trop haut ou trop bas''. Je comprends parfaitement ce qu'il éprouve. Quelques mois après avoir reçu la bénédiction de la sanctification, je me sentis très malheureux à cause de mon incapacité d'amener d'autres personnes à cet état. Je savais, sans l'ombre d'un doute, que mon coeur était pur, et cependant je ne parvenais pas à enseigner le moyen d'arriver à ce résultat.

Un matin, je rencontrai un ami chrétien qui avait amené à la sanctification beaucoup d'âmes, et je lui fis part de mes perplexités. ''Comment, lui dis-je, dois-je donc enseigner la sanctification pour que mes auditeurs parviennent à l'obtenir?'' Il me répondit: ''Chargez votre arme, puis tirez. Chargez, puis tirez.''

Ce fut un trait de lumière. Je compris que pour moi, il

s'agissait de prier, d'étudier ma Bible, de m'entretenir avec ceux qui avaient reçu cette grâce, jusqu'à ce que je fusse "chargé" si abondamment que mon coeur débordât, pour ainsi dire. Dieu Lui-même ferait ensuite pénétrer la vérité dans les coeurs et les sanctifierait.

Cette rencontre eut lieu un samedi. Le lendemain, je parus devant mon auditoire, revêtu de vérité, et soutenu par l'amour et la foi. Je parlai sans détours et aussi vigoureusement que je le pus, et voici, vingt personnes vinrent s'agenouiller au banc des pénitents pour demander la grâce de la sainteté. Je n'avais jamais rien vu de semblable jusqu'alors, mais depuis, cette expérience s'est répétée souvent.

Depuis ce moment-là, j'ai fait consciencieusement la part qui m'incombait, me confiant en Dieu pour qu'Il accomplît la sienne et partout où je suis allé, des résultats ont couronné mes efforts. Mais partout aussi, Satan m'a fortement tenté, particulièrement quand les foules endurcissaient leurs coeurs, ne voulant ni croire, ni obéir. Je me disais alors: "Le mal vient de ma manière de prêcher la vérité". Tantôt le diable me suggérait que j'allais trop loin et risquais de mettre mes auditeurs en fuite; tantôt que je n'allais pas droit au but, et que je les empêchais ainsi de parvenir à la sainteté. J'ai parfois beaucoup souffert, mais dans ma détresse, je me suis toujours adressé au Seigneur, Lui disant qu'Il connaissait mon sincère désir d'annoncer la vérité pour amener mes auditeurs à L'aimer et à Lui faire pleinement confiance.

Le Seigneur me consola en me montrant que le diable me tentait pour m'empêcher de prêcher la sainteté! Parfois, certaines personnes qui se donnaient pour pieuses, tout en ayant, comme les décrit Paul, "l'apparence de la piété, mais reniant ce qui en fait la force" (2 Tim. 3:5), sont venues me trouver pour me dire que je faisais plus de mal que de bien. Aussi, ai-je suivi le commandement: "Eloigne-toi de ces

hommes-là", n'osant pas plus prêter l'oreille à leurs insinuations qu'à celles du diable. Ainsi qu'on m'approuve ou qu'on
me blâme, j'ai tenu bon, et l'Eternel ne m'a jamais abandonné. Il m'a soutenu, m'a donné la victoire, de sorte que j'ai
toujours vu des âmes s'ouvrir à la lumière qui leur révélait la
liberté et l'amour parfait. Satan a cherché de plusieurs manières à me détourner de la prédication de la sainteté, sachant
bien que s'il y parvenait, Il m'aurait bientôt entraîné au
péché, consommant ainsi ma ruine. Mais très tôt, le Seigneur m'avait saisi d'une frayeur salutaire, en attirant mon
attention sur Jérémie 1:6-8 et 17. Le dernier verset me fit, en
particulier, comprendre que je devais dire exactement ce que
voulait le Seigneur. De même, certains passages du livre
d'Ezéchiel (2:4-8 et 3:8-11) m'impressionnèrent fortement.
Le Seigneur m'ordonnait de prêcher Sa vérité telle qu'Il me la
communiquait, qu'on m'écoutât ou non. Dans l'épître aux
Ephésiens (4:15), Il m'indiqua comment je devais prêcher
''dans la charité''.

Je compris alors qu'il me fallait annoncer la vérité sans
détour, mais il importait aussi que j'eusse toujours le coeur
rempli d'amour pour ceux auxquels je m'adressais.

Je constatai dans la deuxième épître aux Corinthiens
(12:14-15) l'amour intense de Paul. ''Ce ne sont pas vos
biens que je cherche,'' disait-il, ''c'est vous-mêmes . . . Pour
moi, je dépenserai très volontiers et je me dépenserai moi-
même pour vos âmes, dussé-je en vous aimant davantage,
être moins aimé de vous''. Puis, dans les Actes (20:20 et 27):
''Vous savez que je n'ai rien caché de ce qui vous était utile
. . . car je vous ai annoncé tout le conseil de Dieu, sans en
rien cacher''. Ainsi, je compris qu'il était pis encore de se dé-
rober à l'enseignement de la sainteté (indispensable au salut
éternel) que de refuser le pain à des enfants affamés, pis encore de laisser périr les âmes que les corps. Je priai donc pour

recevoir l'amour des âmes et la force de prêcher toute la vérité, dût-on me haïr —Dieu soit béni! Il a exaucé ma prière.

Il y a trois points sur lesquels le Seigneur m'a montré que je devais insister continuellement.

Premièrement: *l'homme ne peut pas plus se sanctifier lui-même* qu'un Ethiopien ne peut changer sa peau ou un léopard ses taches (Jér. 13:23). La purification du coeur ne s'obtiendra pas par les oeuvres ou le travail en vue du salut du monde, ni par le renoncement ou l'abnégation. Les racines du mal—orgueil, vanité, colère, impatience, luxure, haine, envie, intempérance, égoïsme— la honte et la peur de la croix ne disparaîtront pas pour autant, cédant la place à l'amour, la paix, la patience, la douceur, la bonté et la fidélité, la bénignité et la tempérance (Gal. 5:22).

Après avoir vainement essayé de purifier les mobiles secrets de leur coeur, des millions d'hommes peuvent affirmer qu'on n'y parvient pas par les oeuvres, de peur que l'homme ne se glorifie (Eph. 2:9).

Deuxièmement: celui qui recherche la sanctification ne doit jamais perdre de vue que cette bénédiction s'obtient uniquement *par la foi*. Une pauvre femme demandait pour son enfant malade quelques grappes de raisin du jardin du roi. Elle offrit de l'argent au jardinier, mais il ne voulut point lui en vendre. Elle revint et rencontra la fille du roi, lui offrant également de l'argent. ''Mon père est roi, répond celle-ci; il ne vend pas son raisin'', puis elle conduisit au roi la pauvre femme qui raconta son histoire et obtint tout le raisin qu'elle désirait.

Dieu, notre Père céleste, est le Roi des rois. Il ne vend ni Sa sainteté ni les grâces de Son Esprit, mais Il les donne à tous ceux qui les demandent avec la foi simple d'un enfant.'' En vérité, Il le fait: ''Demandez et l'on vous donnerez'' (Mat. 7:7). ''Où donc est le sujet de se glorifier? Il est exclu. Par quelle loi? Par la loi des oeuvres? Non, mais par la loi de la foi... Anéantissons-nous donc la loi par la foi? Loin de là. Au contraire, nous confirmons la loi" (Rom. 3:27-31). C'est par la foi que la loi de Dieu est inscrite dans nos coeurs, de sorte qu'en lisant ce commandement: "Tu aimeras le Seigneur, ton Dieu, de tout ton coeur" (Mat. 22:37), nous trouvons en nous une loi d'amour parce que nous avons en nous une loi qui correspond à ce commandement. L'apôtre dit: "C'est en croyant de coeur qu'on parvient a la justice (Rom. 10:10). Cette déclaration se vérifie par l'expérience, car partout la vraie foi fait du voluptueux un homme chaste, rend humble l'orgueilleux, et généreux l'avare; l'homme coléreux devient doux, le menteur véridique; la haine se transforme en amour, le désespoir en joie. La foi garde l'âme dans une sérénité et une paix constantes.

Troisièmement: j'insiste sur cette vérité, que ce don doit être reçu *maintenant* par la foi. Celui qui l'attend de ses oeuvres, trouvera toujours autre chose à faire avant de le demander; ainsi il n'arrivera jamais au point où il pourra dire: "J'ai maintenant reçu cette bénédiction". Au contraire, l'âme humble, qui l'attend par la foi, comprend que c'est un don; et persuadée que Dieu consent à la lui accorder maintenant, elle croit et la reçoit immédiatement.

En pressant ainsi les gens à demander "immédiatement" cette bénédiction, j'ai eu l'occasion d'en voir l'exaucement, tandis que je parlais encore. Certaines personnes qui, plus d'une fois étaient allées au banc des pénitents sans résultat, luttant et priant pour l'obtenir, la reçurent en prêtant simplement l'oreille à "la parole de la foi que nous prêchons" (Rom. 10:8).

Mon âme, bénis l'Eternel!
Que tout ce qui est en moi bénisse son saint nom!
(Psaume 103:1)

143

CHAPITRE 23

Encore une occasion pour vous!

Ceux qui étaient là, s'étant approchés, dirent à Pierre: Certainement, tu es aussi de ces gens-là ... Alors il se mit à faire des imprécations et à jurer: Je ne connais pas cet homme.

(Matthieu 26:73-74)

Jésus dit à Simon Pierre: Simon, fils de Jonas, m'aimes-tu plus que ne m'aiment ceux-ci? Il lui répondit: Oui, Seigneur, tu sais que je t'aime. Jésus lui dit: Pais mes agneaux. Il lui dit une seconde fois: Simon, fils de Jonas, m'aimes-tu? Pierre lui répondit: Oui, Seigneur, tu sais que je t'aime. Jésus lui dit: Pais mes brebis. Il lui dit pour la troisième fois ... m'aimes-tu? Et il lui répondit: Seigneur, tu sais toutes choses, tu sais que je t'aime. Jésus lui dit: Pais mes brebis.

(Jean 21:15-17)

Pierre avait fait devant ses compagnons le serment de mourir avec Jésus plutôt que de Le renier. Quelques heures plus tard, au moment de tenir sa promesse, il faiblit, oublia son voeu et perdit cette occasion unique de prouver son amour pour son Sauveur.

Lorsque le coq chanta, et que Jésus, se retournant, l'eut regardé, Pierre se rappela son infidélité à sa promesse et, étant sorti, pleura amèrement. La douleur d'avoir ainsi traité le Seigneur, s'ajoutant sans aucun doute à son cuisant regret, fut certainement la cause de ses larmes amères. Son amour dut lui suggérer de lourds reproches, sa conscience l'aiguillonner et le diable le railler! Je ne m'étonnerais pas qu'il ait été tenté de perdre tout espoir et de s'écrier: "C'est en vain que je m'efforcerai de devenir meilleur, j'ai misérablement échoué et j'y renonce". Jour et nuit, seul et en compagnie, le diable doit lui avoir rappelé son échec, pour lui persuader qu'il était inutile d'essayer à nouveau. Et Pierre aura soupiré en lui-même, pensant qu'il donnerait le monde entier pour avoir une fois encore cette occasion. Trop tard, elle était à jamais perdue!

Cependant, Pierre aimait Jésus, et le Maître lui permit de manifester à nouveau son amour. La scène n'avait rien de comparable à la grandiose, dramatique occasion de mourir avec son Maître, celle, toute simple, presque banale, qui s'offrit au disciple. Mais le monde et la cause du Christ en bénéficièrent peut-être plus largement. Dans la contrée qu'avait habitée Jésus, il existait sans doute nombre d'âmes à la foi faible et vacillante. Elles avaient besoin d'être fidèlement nourries de toutes les vérités concernant le Seigneur et de celles qu'Il avait directement enseignées. Aussi Jésus appela-t-Il Pierre à Lui pour lui adresser à trois reprises cette pressante question: "M'aimes-tu?" Comme elle dut rappeler douloureusement à l'esprit de Pierre son triple reniement de Jésus! En réponse à l'affirmation de Pierre, Jésus, par trois fois, lui commanda de paître Ses agneaux et Ses brebis, lui annonçant aussi qu'il mourrait sur une croix—comme il serait mort probablement s'il n'avait pas renié son Seigneur.

Aujourd'hui encore, parmi les disciples de Jésus il se trouve, je le crains, beaucoup d'imitateurs de Pierre. Beaucoup dans nos rangs, après avoir promis de suivre Jésus et de faire ce que Son esprit dicterait à leur conscience, après avoir affirmé qu'ils mourraient pour Lui, ont oublié leurs voeux à l'heure critique de l'épreuve, renié Jésus par leurs paroles ou leur conduite, Le laissant de nouveau seul sur le chemin du Calvaire.

Je me souviens d'une expérience analogue que je fis, il y a bien des années, avant mon entrée dans l'Armée, bien que déjà sanctifié. Je ne péchais pas en commettant des actes répréhensibles, mais plutôt en omettant d'accomplir ce que le Seigneur me demandait. Il s'agissait d'une chose sortant de l'ordinaire, mais non extravagante. La certitude que je devais agir me saisit subitement; il me sembla que le Ciel entier s'abaisserait vers moi pour me bénir si j'obéissais et que l'enfer s'entr'ouvrirait pour m'engloutir si je m'y refusais. Sans répondre négativement, il me sembla simplement que la chose ne m'était pas possible et je ne le fis pas. Mais quelle humiliation ensuite! Que de larmes amères j'ai versées, implorant le pardon de Dieu et L'assurant que je serais vrai! Dieu m'avait présenté, je le comprenais bien, une occasion que j'avais laissé échapper et qui ne reviendrait pas. Jamais, me sembla-t-il alors, je ne serai cet homme, puissant par la foi et l'obéissance, que j'aurais pu devenir en me montrant fidèle. Je promis à Dieu d'obéir, ce que je fis, et plusieurs fois, mais nulle bénédiction n'en découla pour moi. Satan triompha, me raillant et m'accusant par ma conscience au point que la vie me devint un fardeau intolérable; j'eus enfin l'impression que j'avais contristé le Saint-Esprit pour toujours, qu'Il m'avait quitté et que j'étais perdu. Je rejetai loin de moi le bouclier de la foi, perdant confiance en l'amour de Jésus, et, pendant vingt-huit jours, je connus, à ce qu'il me sembla, les tourments de l'enfer. Je priais toujours, mais comme sous un ciel d'airain. Je lisais ma Bible, mais les promesses fuyaient loin de moi, tandis que les commandements et les menaces s'abattaient sur ma conscience troublée comme des flammes de feu et des épées à deux tranchants. La nuit, je soupirais après le jour, et le jour, je désirais la nuit.

Je fréquentais des réunions, mais sans en tirer la moindre bénédiction. La malédiction de Dieu semblait m'accompagner, et pourtant, à travers tout cela, je sentais que Dieu était amour.

Comme la femme de Job. Satan m'incita à pécher, à maudire Dieu et à mourir. Mais la miséricorde et la grâce me gardèrent et me donnèrent la force de dire au diable: "Non, je ne pécherai pas! et, si je dois aller en enfer, ce sera en aimant Jésus, en essayant de Lui gagner des âmes. Dans l'enfer même je déclarerai que le sang de Jésus purifie de tout péché". Je me croyais condamné. Les déclarations de l'épître aux Hébreux (chapitres 6 et 10) semblaient s'appliquer à mon cas et je disais: "Je suis perdu à jamais". Mais l'amour de Dieu

> . . . est un amour sublime;
> Il est plus haut que la plus haute cime
> Et que l'azur insondable des cieux.

Au bout de vingt-huit jours, Il me retira de la fosse de destruction, du fond de la boue, par ces paroles: "Tiens pour certain que les pensées qui font naître l'inquiétude procèdent non de Dieu, Prince de paix, mais du diable, de l'amour-propre ou de la bonne opinion que nous avons de nous-mêmes."

Ce fut un trait de lumière. Oui, Dieu est le Prince de la Paix. Les projets qu'Il a formés sur nous sont "des projets de paix et non de malheur" (Jér. 29:11). Puisque je n'ai ni amour-propre, ni suffisance, et n'aspire qu'à être délivré de moi-même, c'est donc le diable qui me trompe. Instantanément il me sembla que les liens dont il m'enlaçait se dénouaient et qu'il s'enfuyait, me laissant en liberté.

Le samedi et le dimanche suivants, je vis environ cinquante personnes venir au banc des pénitents pour chercher le salut et la sainteté; dès lors, le Seigneur m'accorda partout de Lui attirer des âmes. Comme à Pierre, Il m'adressa ces paroles: "M'aimes-tu?" Le coeur purifié, libéré, je répondis: "Oui, Seigneur, Tu sais toutes choses, Tu sais que je T'aime", Il m'ordonna alors tendrement de paître Ses agneaux et Ses brebis, c'est-à-dire de vivre à fond l'Evangile et de l'annoncer dans toute sa plénitude, de telle sorte que le peuple de Dieu, recevant inspiration et réconfort, reste persévérant dans la foi, l'amour et le service.

Il m'avait donné une nouvelle occasion. Il y en a de même une pour quiconque l'a renié dans le passé.

Il ne faut pas chercher à faire quelque action d'éclat, mais paître les agneaux et les brebis du Seigneur; prier et travailler pour le salut de tous les hommes. Etudier la Bible, s'entretenir beaucoup et souvent avec Dieu, et Lui demander Son inspiration, chaque fois qu'il faudra parler, afin qu'il en résulte une bénédiction: pour encourager un frère abattu, fortifier un faible, instruire un ignorant, consoler un affligé, avertir l'égaré, éclairer celui qui est dans les ténèbres et réprimander le pécheur.

Remarquez que Pierre fut appelé à paître non seulement les agneaux mais les brebis. Nous devons chercher à amener les pécheurs au salut et, après qu'ils ont passé par la nouvelle naissance, les nourrir,—nourrir les jeunes convertis des promesses et des instructions de la Parole de Dieu propres à les conduire à une entière sanctification. Nous devons leur montrer que telle est la volonté de Dieu à leur égard.

Jésus ne leur a-t-Il pas frayé "une libre entrée dans le sanc-
tuaire"? (Héb. 10:19). Nous devons les avertir de ne point
retourner en Egypte, de ne point redouter les géants de la
Terre Promise et de se garder de toute alliance impure avec
les Ammonites au désert. Ils doivent s'éloigner des pécheurs,
s'en séparer pour devenir saints. C'est là leur grand et glorieux privilège, leur devoir solennel, puisqu'ils ont été rachetés non par des choses périssables, telles que l'argent et l'or,
mais par le précieux sang du Christ (1 Pi. 1:18-19). Ils ne
doivent pas se laisser abattre par les châtiments du Seigneur,
ni se lasser de faire le bien. Ils doivent veiller et prier, rendre grâces, être toujours joyeux. Ce n'est pas après maints
efforts qu'ils obtiendront la bénédiction d'un coeur pur, et
seulement à l'heure de la mort, mais sur-le-champ, par la
simple foi en Jésus.

Nous devons nourrir les brebis déjà sanctifiées de l'ali-
ment fortifiant de l'Evangile. Nourrissez un homme robuste
de pain et de thé seulement et il sera bientôt inapte à tout
travail. Mais donnez-lui du bon pain bis, du beurre, du lait,
des fruits et des légumes et, plus il travaillera, plus il sera
fort et robuste. De même pour les chrétiens. Présentez-leur
de vieux sermons rassis, qui n'éveillent plus aucun écho
même dans votre propre coeur, et vous les affamez. Mais
nourrissez-les des choses profondes de la Parole de Dieu qui
révèlent Son amour éternel, Sa fidélité, Sa puissance de
salut, Ses soins tendres et attentifs, l'éclat de Sa sainteté,
l'impartialité de Sa justice, Son horreur du péché, Sa piété
pour le pécheur, Sa compassion pour les faibles et les égarés,
Ses jugements éternels sur les impénitents et les impies, Sa
gloire et Sa bénédiction éternelles réservées aux justes, ils
deviendront si forts qu'un seul en poursuivra mille et que
deux en mettront dix mille en fuite (Deut. 32:30).

Apprenez à connaître Jésus et vous serez à même de

nourrir Ses agneaux et Ses brebis. Vous les nourrirez en Le leur révélant, tel que, par le Saint-Esprit, le Père Le révèle dans la Bible.

Vivez avec Lui. Entretenez-vous avec Lui. Sondez les Ecritures à genoux; demandez au Seigneur d'ouvrir votre entendement, comme Il ouvrit celui des disciples sur le chemin d'Emmaüs, vous enseignant ce que l'Ecriture dit de Lui, et vous aurez une nouvelle occasion, que les anges eux-mêmes pourraient vous envier, de prouver votre amour pour Lui et d'être en bénédiction à vos semblables.

CHAPITRE 24

Oiseaux de proie

Satan s'oppose à l'entière sanctification des croyants par tous les moyens: ruse, force, arguments subtils. Mais l'âme résolue, déterminée à être toute au Seigneur, remportera la victoire sur un ennemi déjà vaincu dont toute la puissance réside dans le mensonge. Le moyen le plus sûr de triompher, c'est de la *vouloir*, de croire fermement, et de demeurer en Dieu en dépit de toutes les sollicitations au doute.

La Genèse contient, au quinzième chapitre, un récit très suggestif pour tous ceux qui cherchent le plein salut.

Voulant offrir un sacrifice à l'Eternel, Abraham prépara son offrande, disposa les animaux sur l'autel et attendit le signe par lequel Dieu signifierait Son acceptation. Mais les oiseaux de proie s'abattirent sur les cadavres et Abraham dut les chasser. Or, sur le soir, le feu de Dieu descendit et consuma la sacrifice.

Ainsi, celui qui veut être entièrement sanctifié doit s'offrir lui-même, sans réserve, à Dieu, contractant avec Lui "une alliance éternelle qui ne sera jamais oubliée" (Jér. 50:5), par un abandon réel et non imaginaire de son être tout entier (projets, espoirs, ambitions, biens, soucis, fardeaux, joies, tristesses, ressources spirituelles et physiques, temps, réputation, amis). Ainsi donné à Dieu pour être quelque chose ou n'être rien pour partir ou rester selon les directives de Jésus, il doit, comme Abraham, attendre patiemment, dans la foi, que son offrande soit acceptée.

L'Eternel disait au prophète Habakuk:

> Si elle [la prophétie] tarde, attends-la,
> Car elle s'accomplira certainement . . .
> Mais le juste vivra par sa foi.
>
> (Habakuk 2:3-4)

Or, durant cette période d'attente, qu'elle soit longue ou courte, le diable enverra sûrement des oiseaux de proie pour arracher l'offrande.

Il vous dira: "Tu devrais te sentir tout différent maintenant que tu t'es donné entièrement à Dieu" —Souvenez-vous alors que c'est l'oiseau de proie du diable et chassez-le. Tout sentiment provient toujours de quelque cause. Pour éprouver un sentiment d'amour, je dois penser à un être aimé, mais à l'instant où je détourne ma pensée de l'objet de mon affection, pour examiner l'état de mes sentiments, ceux-ci diminuent d'intensité.

Regardez à Jésus sans vous arrêter à vos émotions; elles sont involontaires et se plieront bientôt aux décisions de votre foi et de votre volonté.

"Mais, objectera peut-être quelqu'un, votre consécration n'est pas complète; passez encore une fois par le même chemin, afin d'en être plus sûr."

Encore un oiseau de proie, chassez-le.

A ce point-là, Satan peut se faire pieux à l'excès, il sait fort bien que, si vous tourmentez indéfiniment votre âme à cause de la consécration, vous perdez de vue la promesse divine et n'arriverez pas à croire. Or, sans la certitude que votre offrande est acceptée *maintenant*, tout le reste est inutile.

"Mais, dira un autre, vous n'éprouvez pas la joie, les

profondes et puissantes émotions que connaissent d'autres enfants de Dieu."

Encore un oiseau de proie, chassez-le.

Une femme me disait dernièrement:

—J'ai renoncé à tout, sans trouver le bonheur que j'attendais.

—Ah! ma soeur, lui dis-je, la promesse n'est pas pour ceux qui cherchent le bonheur, mais pour "ceux qui ont faim et soif de la justice" (Mat. 5:6), ceux-là "seront rassasiés". Cherchez la justice, non le bonheur.

Elle le fit et peu après fut satisfaite, car avec la justice vint la plénitude de la joie.

"Mais la foi, objectera-t-on encore, est une chose si incompréhensible, vous ne pouvez la pratiquer; demandez à Dieu de vous aider dans votre incrédulité.

Encore l'oiseau de proie du diable, éloignez-le.

La foi est presque trop simple pour être définie. C'est la confiance en la parole de Jésus, la simple assurance qu'Il a l'intention d'accomplir Ses promesses à la lettre et que ces promesses sont pour vous. Prenez garde de vous laisser détourner de la simplicité qui est en Jésus-Christ (2 Cor. 11:3).

Je vous le dis, mon cher camarade, tout ce qui s'oppose à la foi en le promesse de Dieu relative au plein salut, est un des oiseaux de proie du diable. Il faut le chasser résolument si vous voulez être pleinement sauvé.

Cessez de discuter avec le diable. "Nous renversons les raisonnements et toute hauteur qui s'élève contre la connaissance de Dieu" (2 Cor. 10:5). Plaidez, mais avec Dieu. "Venez et plaidons! dit l'Eternel" (Esa. 1:18).

Au cours d'une nuit de prières, un homme s'agenouilla avec beaucoup d'autres à l'autel de la consécration pour demander un coeur pur. On lui dit de se donner entièrement à Dieu et de croire. Finalement il se mit à prier et dit: "Je me donne à Dieu. Désormais je vais vivre et travailler pour Lui de tout mon pouvoir, attendant qu'Il m'accorde la plénitude de Sa bénédiction, quand Il le jugera bon. Il a promis de me la donner et Il le fera, n'est-ce pas?

—Oui, mon frère, ce qu'Il a promis, Il l'accomplira sûrement, répliquai-je.

—Oui, oui, Il l'a promis, dit cet homme. A ce moment un rayon de lumière pénétra dans son âme et il ajouta: ''Le Seigneur soit loué! Gloire à Dieu!''

Il plaida avec le Seigneur et s'emparant de Sa promesse, fut exaucé. Ce même soir, d'autres discutèrent avec le diable, se laissèrent guider par leurs propres sentiments, et ne trouvèrent pas la sanctification.

Mais après l'acte de foi, Dieu attend la *confession* de foi. Les hommes qui ont du caractère, de la force et de l'influence sont ceux qui affirment sans peur leurs convictions.

Un homme qui a des convictions arrêtées ne craint ni de les annoncer au monde ni de les défendre. Il en est ainsi en matière de politique, d'affaires, de réformes morales, comme en matière de foi. Une loi universelle appuie cette déclaration: ''C'est en confessant de la bouche qu'on parvient au salut'' (Rom. 10:10). Si vous marchez dans la sanctification, vous devez l'affirmer à la première occasion, l'affirmer en présence des démons, de vos semblables et des anges du ciel. Vous devez vous présenter au monde comme un homme qui croit à la pureté du coeur, et proclame: ''Sainteté à l'Eternel!'' Ainsi, vous brûlerez vos vaisseaux. Tant qu'ils ne sont pas détruits, vous n'êtes pas en sûreté.

Une dame me disait dernièrement: ''J'ai toujours hésité à dire: Le Seigneur m'a pleinement sanctifiée, mais il y a peu de temps que j'ai compris pourquoi. Je voulais laisser un pont derrière moi, de manière à pouvoir battre en retraire sans danger. Si je me dis sanctifiée, je suis obligée de veiller sur moi-même afin de ne m'exposer à aucun blâme; tandis qu'en ne le disant pas, je puis me permettre des choses contestables, avec l'excuse facile que je ne prétends pas être parfaite."

Oui, voilà le secret. Prenez garde, cher lecteur; sinon vous allez vous trouver dans un dangereux équilibre; voilà qui fait le jeu du diable. "Celui qui n'est pas avec moi est contre moi" (Mat. 12:30). Passez du côté du Seigneur par une profession de foi bien définie. Le diable vous dira: "Tu ferais mieux de ne pas toucher à ce sujet tant que tu n'es pas sûr de toi. Prends garde de faire plus de mal que de bien."

Chassez promptement cet oiseau de proie, sinon tout ce que vous avez fait jusqu'à aujourd'hui sera inutile. Cet oiseau-là a dévoré des milliers d'offrandes présentées avec une sincérité égale à la vôtre. Ce n'est pas vous qui pouvez "garder la bénédiction", mais c'est à vous d'affirmer hardiment votre foi en Celui qui accorde la grâce et Il vous gardera.

Hier encore, un ami chrétien me disait: "Quand je recherchai la bénédiction de la sanctification, je me donnai définitivement et pleinement à Dieu, en Lui disant que je me confiais en Lui, mais je me sentais aussi sec qu'un arbre mort. Peu après, un ami me demanda si j'étais sanctifié et, avant même d'examiner mes sentiments, je répondis affirmativement: à l'instant Dieu me bénit, me remplit de la plénitude de Son Esprit et depuis Il n'a cessé de me garder."

Confessant sa foi, Il fut agréable à Dieu.

—Mais vous devez être honnête et ne pas prétendre posséder plus que vous n'avez reçu, dira Satan.

Encore un oiseau de proie!

Vous devez affirmer que Dieu ne peut manquer à Sa promesse; or, Il a promis que "tout ce que vous demanderez en priant, croyez que vous l'avez reçu, et vous le verrez s'accomplir'' (Marc 11:24). Tenez Dieu pour fidèle.

Une dame de ma connaissance, membre de l'Armée du Salut, se livra à Dieu sans réserve, mais n'éprouvant aucun changement, elle hésitait à dire que Dieu l'avait pleinement sanctifiée.

''Alors, disait-elle, je me mis à raisonner ainsi: Je sais que je me suis donnée entièrement à Dieu. Je suis disposée à être n'importe quoi, à faire n'importe quoi, et à souffrir n'importe quoi pour Jésus; à abandonner pour Sa cause et par amour pour Lui plaisirs, honneurs, même mes plans et mes espoirs les plus chers. Malgré cela, je ne sens pas que Dieu me sanctifie. Pourtant, Il a promis de le faire, à la seule condition que je me donne à Lui et croie à Sa Parole. Sachant que je me suis donnée à Lui, je dois croire en Ses promesses ou Le déclarer menteur. Je veux donc croire qu'Il me sanctifie maintenant. Mais, ajoutait-elle, je n'en avais aucune preuve. Quelques jours plus tard, comptant toujours sur Dieu, je me rendis à une réunion de sanctification; là, tandis qu'un grand nombre de personnes rendaient témoignage, je pris la résolution de me lever et de dire aussi que Dieu m'avait sanctifiée. Je le fis et tandis que je parlais, le Seigneur vint me donner l'assurance que cette oeuvre était accomplie. Je sais maintenant que je suis sanctifiée.''

Le rayonnement de son visage le disait assez.

Cher lecteur: ''Résistez au diable et il fuira loin de vous'' (Jac. 4:7). Donnez-vous entièrement à Dieu, confiez-vous en Lui et confessez votre foi.

''*Et soudain entrera dans son temple le Seigneur qui vous cherchez; et le messager de l'alliance que vous désirez, voici, il vient, dit l'Eternel des armées*'' (Mal. 3:1).

CHAPITRE 25

Une paix constante

En marchant devant Lui dans la sainteté et dans la justice, tous les jours de votre vie.

(Luc 1:75)

Le pasteur Jean de la Fléchère* que Wesley considérait comme l'homme le plus saint qui eût vécu depuis les jours de l'apôtre Jean, perdit cinq fois la bénédiction avant d'obtenir définitivement la grâce de la sainteté. Wesley lui-même, déclarait que, d'après ses observations, beaucoup de chrétiens perdaient plusieurs fois cette bénédiction avant d'apprendre le secret de la garder. Si donc, parmi les lecteurs de cet ouvrage, il en est qui font la même constatation, et sont en butte aux assauts de l'ennemi des âmes, si Satan cherche à les persuader qu'ils n'arriveront jamais ni à posséder la sainteté, ni à la garder, laissez-moi les supplier d'essayer encore et toujours.

Vous prouvez votre intention et votre réel désir d'être saints, non pas en rendant les armes après une défaite, mais en vous relevant de chutes nombreuses et en reprenant la lutte avec une foi et une consécration nouvelles. Voilà la manière de remporter le prix et de le garder jusqu'au bout.

N'est-il pas écrit: "Cherchez et vous trouverez"? (Mat. 7:7).

---

*Connu aussi sous le nom de John Fletcher.

—Mais combien de temps devrai-je chercher avant de l'obtenir?

—Jusqu'à ce que vous ayez trouvé.

—Mais si c'est pour le perdre ensuite?

—Cherchez de nouveau jusqu'à ce que vous le trouviez. Dieu vous étonnera un jour en vous donnant un si puissant baptême de Son Esprit que toutes vos obscurités, vos doutes et vos incertitudes s'évanouiront pour toujours; désormais vous ne retomberez plus; le sourire de Dieu ne se retirera plus de vous et votre soleil ne se couchera jamais.

O frère découragé, soeur abattue, laissez-moi vous presser de regarder à Jésus, de vous confier en Lui, de continuer à chercher, vous souvenant que les retards du Seigneur ne sont point des refus.

Jésus est le Josué qui vous introduira dans la Terre Promise, et pourra terrasser tous vos ennemis devant vous. Ceux qui se découragent au milieu de la défaite, ont encore beaucoup à apprendre, tant sur la dureté et la perfidie de leur propre coeur, que sur la patience, la longanimité et la puissance de Dieu. Ce n'est pas Sa volonté que quiconque l'ayant reçue en arrive à perdre la bénédiction; il est possible de la garder à jamais.

Mais comment?

Un de mes anciens condisciples de la Faculté de théologie se rendait un jour à son champ de travail après avoir terminé ses études. Je l'accompagnai à la gare pour lui serrer la main et lui dire peut-être un dernier adieu. Il me regarda et me dit:

"Sam, donne-moi un texte qui devienne la devise de ma vie."

J'élevai aussitôt mon coeur vers Dieu pour qu'il m'éclairât. Or, si vous voulez garder la bénédiction, une des choses que vous devez faire constamment, c'est d'élever votre coeur vers Dieu et d'espérer en Lui pour avoir la lumière, non seulement dans les moments critiques et le grands événements de la vie, mais dans les petits détails, même les plus insignifiants en apparence. Vous en acquerrez l'habitude par la pratique, et cela deviendra pour vous aussi naturel que de respirer, aussi important pour votre vie spirituelle que la respiration pour votre vie physique. Restez étroitement en contact avec Dieu si vous voulez garder Sa bénédiction. Ce matin-là, mon âme était si unie à Dieu, qu'à l'instant, les onze premiers versets de la deuxième épître de Pierre me vinrent à la pensée, non seulement comme une devise à donner à mon ami, mais comme une règle tracée à tous par le Saint-Esprit. En la suivant, non seulement nous pourrons garder la bénédiction et être préservés de chute, mais aussi porter des fruits dans la connaissance de Dieu, et obtenir libre accès dans le Royaume de notre Seigneur et Sauveur Jésus-Christ.

Prenez-en note, vous tous qui désirez conserver la bénédiction de la sainteté. Remarquez le verset 4, par lequel l'apôtre déclare que, pour devenir "participants de la nature divine", il faut fuir "la corruption qui existe dans le monde par la convoitise". Voici donc ce qu'est la sainteté: "fuir la corruption" de notre propre coeur et recevoir en échange la nature divine. L'apôtre insiste et recommande aux saints de s'y appliquer résolument. Un homme paresseux, endormi, ne peut conserver la bénédiction, ni même la recevoir, puisqu'il faut, pour la découvrir, la chercher avec zèle, comme un trésor enfoui, et la retenir ensuite avec un soin jaloux. Quelques-uns objecteront: "Une fois sauvé, on l'est pour toujours", mais Dieu ne dit rien de pareil. Il nous engage à veiller, à être sobres, car nous sommes sur le terrain de l'ennemi et ce monde n'est pas ami de la grâce. Si vous aviez pour cinq cent mille francs de diamants dans un pays de brigands, vous veilleriez attentivement sur votre trésor. Or, vous êtes en pays ennemi, vous possédez un coeur pur et "Les arrhes de l'Esprit" (2 Cor. 1:22) qui sont votre passe-port pour le Ciel, votre gage de vie éternelle: veillez donc pour le garder en sûreté.

L'apôtre dit: "Joignez à votre foi la vertu" (2 Pi. 1:5). Vous avez dû croire "aux plus grandes et aux plus précieuses promesses" (v. 4) pour obtenir cette bénédiction, mais vous aurez encore autre chose à ajouter à votre foi pour la con-server. Le mot "vertu" vient d'un vieux mot latin qui signi-fie courage, et c'est probablement ce qu'il signifie dans ce cas. Il vous faut du courage pour conserver cette béné-diction.

Le diable rôdera autour de vous comme un lion rugis-sant; le monde vous tiendra rigueur, vous rejettera, vous mettra à mort peut-être. Vos amis vous prendront en pitié ou vous maudiront, vous prédiront toutes sortes de calamités et parfois votre propre chair se révoltera. Alors vous aurez besoin de courage. On prétendait autrefois que je perdais la raison, et cela semblait presque vrai, si intense était mon dé-sir de connaître tout la volonté de Dieu à mon égard. On me disait que je tomberais dans le fanatisme, que je finirais mes jours dans un asile, que je ruinerais ma santé et resterais toute ma vie un invalide, inutile tourment à moi-même et fardeau pour mes amis. L'évêque lui-même, dont l'ouvrage sur la sainteté avait bouleversé mon âme jusqu'en ses pro-fondeurs, insista pour que je parle très peu de cette bénédic-tion après l'avoir reçue, puisqu'un tel enseignement devenait une cause de division et de trouble.—J'appris, plus tard, qu'il avait lui-même perdu la grâce de la sanctification.—Le diable me présenta, jour et nuit, mille tentations spirituelles aux-quelles je n'avais point songé. A la fin, il excita contre moi un mauvais sujet qui me fit presque sauter la cervelle, si bien

que, pendant des mois, je demeurai dans un tel état de pros-
tration physique que la pensée d'une simple carte postale à
écrire m'épouvantait et m'enlevait le repos de la nuit. Je m'a-
perçus alors qu'il fallait du courage pour conserver cette
"perle de grand prix" (Mat. 13:46); mais, alléluia! "le lion de
la tribu de Juda" (Ap. 5:5), mon Seigneur et Sauveur, est
aussi plein de hardiesse et de force que d'amour et de compassion. Dans le Livre qu'Il nous a laissé pour notre édifi-
cation et notre instruction, Il dit: "Fortifie-toi et prends courage" (Jos. 1:6). Il le déclare ailleurs d'une manière plus
énergique encore par ces mots: "Ne t'ai-je pas donné cet ordre: Fortifie-toi et prends courage" (Jos. 1:9). C'est donc un
ordre positif auquel nous sommes tenus d'obéir. Souvent Il le
répète et dit soixante-douze fois: "Ne crains point", ajoutant
pour nous montrer que nous n'avons rien à craindre: "car
je suis avec toi". Gloire à Dieu! S'Il est avec moi, pourquoi
craindrais-je? Et pourquoi craindrais-tu, toi aussi, mon
camarade?

Quand mon fils était enfant, il avait grand peur des
chiens; la crainte semblait innée chez lui; mais, quand il me
tenait la main, il aurait passé crânement à côté du plus gros
chien du pays. Dieu a dit:

> *Ne crains rien, car je suis avec toi.*
> *Ne promène pas des regards inquiets,*
>   *car je suis ton Dieu;*
> *Je te fortifie, je viens à ton secours,*
> *Je te soutiens de ma droite triomphante . . .*
> *Je suis l'Eternel, ton Dieu,*
> *Qui fortifie ta droite,*
> *Qui te dis: Ne crains rien,*
> *Je viens à ton secours.*
>   (Esaïe 41:10-13)

Celui qui est mort pour nous, Jésus, affirme: "Tout pouvoir m'a été donné dans le Ciel et sur la terre . . . Et voici, je suis avec vous tous les jours, jusqu'à la fin du monde" (Mat. 28:18-20). Pourquoi craindre encore?

Le diable s'y entend pour tromper et ruiner les âmes, mais rappelez-vous que Jésus est "l'ancien des jours" (Dan. 7:13). D'éternité en éternité, Il est Dieu. Il a mis Sa grande sagesse, Son pourvoir éternel à la disposition de notre foi pour notre salut, et certainement ceci doit nous remplir de courage. Etes-vous abattus et effrayés? Redressez-vous et dites hardiment avec le roi David qui, plus qu'aucun de nous, avait des raisons de s'inquiéter et de s'effrayer:

> Dieu est pour nous un refuge et un appui,
> Un secours qui ne manque jamais dans la détresse;
> C'est pourquoi nous sommes sans crainte
> quand la terre est bouleversée,
> Et que les montagnes chancellent au coeur des mers.
>
> (Psaume 46:2-3)

Une des expériences de David m'a été d'un grand secours. Il eut un jour à fuir loin de Saül qui le poursuivait pour lui ôter la vie. Il se retira au pays des Philistins, où il demeura dans un village que le roi lui donna. Puis les Philistins prirent les armes contre Saül, et David se joignit à eux. Mais les Philistins le renvoyèrent, craignant que dans la mêlée il ne se tournât contre eux. Lorsque David et ses hommes arrivèrent chez eux, ils découvrirent que des ennemis avaient détruit et brûlé leur ville, emporté tous leur biens, ainsi que leurs femmes et leurs enfants. Fous de douleur, ces hommes parlèrent de lapider David. Il y avait certes de quoi s'effrayer, mais la Bible dit: "David reprit courage en s'appuyant sur l'Eternel, son Dieu". Lisez vous-mêmes ce récit, et voyez de quelle manière Dieu l'aida à rentrer en possession de tout ce qu'il avait perdu (1 Samuel 30).

Pour moi, je suis résolu à rester plein de courage. Dieu m'a délivré de mes propres frayeurs et de celles de mes amis. Il a mis en déroute mes ennemis. Il s'est montré plus fort que mes adversaires, et Il m'a mis à même, par Sa puissance, Sa bonté et Son amour infinis, de marcher devant Lui dans la sainteté depuis plus de quarante ans.

CHAPITRE 26

Sanctification
et
Consécration

La femme d'un sénateur suivait régulièrement une série de réunions de sanctification et semblait y prendre un grand intérêt. Un jour, elle vint à moi et me dit:

—Monsieur Brengle, si vous disiez "consécration" au lieu de "sanctification", nous serions tous d'accord.

—Mais je ne veux pas dire "consécration", ma soeur, je veux dire "sanctification". Il y a entre ces deux mots la même différence qu'entre la terre et le ciel, entre l'oeuvre de l'homme et celle de Dieu, répondis-je.

Mon interlocutrice commettait une erreur très répandue. Elle prétendait soustraire à la religion son élément surnaturel, et se fier simplement à ses oeuvres.

C'est tout à fait à la mode maintenant d'être "consacré" et de parler beaucoup de "consécration". Des dames charmantes, vêtues de soie, couvertes de bijoux, de plumes et de fleurs, des messieurs à la mise élégante, aux mains soignées, parlent de "consécration au Seigneur" avec une doucereuse componction.

Je ne voudrais point les décourager; il faut cependant

que j'élève la voix pour affirmer que la consécration, telle que ces gens la comprennent, est simplement l'oeuvre de l'homme et ne suffit pas pour assurer le salut de l'âme.

Elie fit ses préparatifs sur le Mont Carmel, tua un taureau, le plaça sur l'autel et versa de l'eau sur le tout. C'était une consécration.

Mais les prêtres de Baal en avaient fait autant, à l'exception de l'eau versée. Ils avaient préparé leur autel, tué un taureau et passé la journée dans les dévotions les plus ardentes; à vues humaines, leur zéle surpassait même celui d'Elie.

Qu'avait donc fait Elie de plus qu'eux?

Rien, si ce n'est de verser quelques cruches d'eau sur son sacrifice, acte de foi des plus hardis. Néanmoins, s'il en était resté là, le monde n'eût jamais entendu parler de lui; mais il avait la certitude que Dieu se manifesterait. Il attendit et pria: les nuages s'ouvrirent et le feu de Dieu tomba, consumant l'holocauste, le bois, les pierres et la terre et absorbant l'eau qui était dans le fossé. Voilà la sanctification!

De froides pierres, de l'eau et un taureau mort, y avait-il là de quoi glorifier Dieu et convertir une nation apostate? Cependant, quand tout fut enflammé par le feu du ciel, le peuple tomba la face contre terre en s'écriant; "C'est l'Eternel qui est Dieu! C'est l'Eternel qui est Dieu!" (1 Ro. 18:39).

Que sont les plus grand dons, l'éloquence et une soi-disant consécration pour sauver le monde et glorifier Dieu? "Et quand je distribuerais tous mes biens pour la nourriture des pauvres, quand je livrerais même mon corps pour être brûlé, si je n'ai pas la charité, cela ne me sert de rien" (1 Cor. 13:3).

C'est Dieu en l'homme qui rend celui-ci capable de Le glorifier et de travailler avec Lui au salut du monde.

Il faut à Dieu des hommes sanctifiés. Ils doivent, bien

entendu, se consacrer eux-mêmes à Dieu en vue de la sanctification. Leur part, c'est de Lui livrer sans aucune réserve, leur être tout entier: mémoire, pensée, volonté, langue, pieds, mains, réputation auprès des pécheurs et auprès des croyants —doutes et craintes, antipathies et sympathies—et jusqu'à leur tendance à récriminer, à se plaindre ou à murmurer quand Dieu éprouve leur consécration.

Ces conditions une fois réalisées, ils devront attendre la manifestation divine, tout comme Elie qui, son offrande déposée sur l'autel, se tint à l'écart pour laisser Dieu agir. Ils crieront à Lui avec une foi humble bien que hardie et persévérante, jusqu'à ce qu'Il accorde le baptême de Saint-Esprit et de feu. Il l'a promis, ne le fera-t-Il pas? Mais que Ses enfants sachent Lui faire confiance, prier, persévérer dans la foi, et demeurer dans l'attente si la bénédiction tarde. Un soldat, sortant d'une de nos réunions, rentra chez lui et tomba à genoux, disant: "Eternel, je ne me relèverai point que Tu ne m'aies baptisé du Saint-Esprit". Cet homme résolu, pour qui Dieu comptait plus que tout, reçut sur-le-champ le baptême du Saint-Esprit.

Un capitaine et un lieutenant de ma connaissance trouvant que la "vision tardait" l'attendirent et consacrèrent, durant trois semaines, tout leur temps disponible à supplier Dieu de les remplir de Son Esprit. Ils ne se découragèrent point, mais s'attendirent désespérément à Dieu, décidés à ne pas Le laisser aller qu'ils n'eussent obtenu le désir de leurs coeurs. Quelque temps après, je revis le lieutenant et fut confondu des merveilles de la grâce de Dieu en lui. L'esprit des prophètes était descendu sur lui.

"La foi peut librement mettre à sac le ciel tout entier", dit un de mes amis.

Oh! qu'il est bon d'espérer ainsi en Dieu! Il est plus aisé de se plonger follement dans telle ou telle entreprise, de consumer ses forces et sa vie dans un travail sans joie et relativement vain, que de s'attendre à Dieu, dans une foi patiente et ferme, jusqu'à ce qu'Il accorde la toute puissance du Saint-Esprit. Elle se traduira par une endurance, une sagesse et une puissance surnaturelles, vous permettant de faire en un jour ce qui, sans elle, serait irréalisable en mille ans, et détruisant en même temps tout orgueil afin que vous rendiez toute gloire au Seigneur.

Espérer en Dieu, c'est nous dépouiller en vue de la plénitude à recevoir. Rares sont ceux qui savent ainsi attendre jusqu'à dépouillement total; rares aussi, par conséquent, ceux qui sont remplis de Dieu. Peu, en effet, savent endurer les humiliations, l'attente, les incertitudes, les railleries de Satan qui leur demande: "Où est ton Dieu?" Celui qui espère en Dieu, de cette manière, s'expose aux sollicitations du doute, aux insinuations de l'incrédulité. C'est d'ailleurs pourquoi il y a si peu de chrétiens qui sont parvenus à l'état d'hommes faits en Christ, et constituent des colonnes dans le temple de Dieu.

Jésus ordonna à Ses disciples de demeurer à Jérusalem jusqu'à ce qu'ils fussent revêtus de la puissance d'En Haut (Luc 24:49). Cet ordre dut paraître pénible à l'apôtre Pierre, si impulsif et si prompt; il attendit pourtant avec ses frères et tous crièrent à Dieu, s'examinant eux-mêmes, ne redoutant plus les chefs irrités qui avaient fait mourir leur Seigneur, oubliant leurs craintes, leurs jalousies, leurs ambitions égoïstes et leurs puérils différends, jusqu'à ce que, dépouillés de tout amour-propre, de toute propre justice et de toute confiance en eux-mêmes, ils ne soient plus qu'un coeur et qu'une âme, consumés d'une soif dévorante de Dieu. Soudain, Il descendit sur eux. Avec puissance, avec le feu, Il vint Lui-même les purifier, les nettoyer et les sanctifier entièrement, pour habiter dans leurs coeurs, les rendre vaillants en présence de leurs ennemis, humbles dans le succès, patients dans les conflits et les persécutions, fermes et inébranlables en dépit des menaces, des coups, de la prison, joyeux dans la solitude, malgré les calomnies, sans peur et triomphants en face de la mort. Dieu leur donna la sagesse pour gagner des âmes et les remplit de l'esprit de leur Maître, si bien que—pauvres et humbles comme ils l'étaient—ils bouleversèrent le monde et ne s'en attribuèrent aucune gloire.

Ainsi, la sanctification consiste non seulement à donner, mais encore à recevoir. Nous sommes par conséquent aussi bien soumis à l'obligation solennelle de recevoir le Saint-Esprit et d'en être remplis, que de nous donner à Dieu. Mais si nous n'en sommes pas remplis dès le début, gardons-nous de penser qu'Il n'est pas pour nous. N'allons surtout pas nous croiser les bras, et, sous prétexte d'humilité et d'incrédulité, cesser de supplier Dieu. Crions d'autant plus fort, au contraire, sondons d'autant mieux les Ecritures pour trouver lumière et vérité. Examinons-nous et humilions-nous. Prenons le parti de Dieu contre l'incrédulité, contre le diable et contre notre propre coeur; ne nous relâchons point, que nous n'ayons obtenu par violence le royaume des Cieux (Mat. 11:12), et entendu Sa parole: "Ta foi est grande, qu'il te soit fait comme tu veux" (Mat. 15:28).

Dieu *aime* à être contraint, Il *désire* être contraint, Il *veut* l'être par la prière persévérante et la foi de Ses enfants. Comme le prophète s'indigna contre le roi qui lança trois flèches au lieu de six ou même davantage, le Seigneur doit souvent être affligé, désappointé et irrité contre nous,—parce que nous limitons trop nos demandes, parce que nous nous laissons trop souvent détourner de Lui sans recevoir la bénédiction que nous prétendons désirer, et parce que nous nous contentons de si peu, quand c'est le Consolateur Lui-même qu'il nous faut.

La Cananéenne qui vint à Jésus pour Le prier de délivrer sa fille du démon, nous est offert en exemple et ferait rougir la plupart des chrétiens, par la hardiesse et la persistance de sa foi. Elle ne *voulut* pas s'éloigner sans la bénédiction qu'elle était venue chercher. Jésus d'abord ne lui répondit pas un mot. Il le fait encore aujourd'hui fréquemment à notre égard. Nous prions et ne recevons pas de réponses; Dieu reste silencieux. Puis Il la repoussa en alléguant qu'Il n'était point venu pour ceux de sa race, mais pour les brebis perdues de la maison d'Israël. C'eût été assez de ces paroles pour faire de la plupart de ceux qui vivent au vingtième siècle de sceptiques blasphémateurs. Chez cette femme, la foi désespérée devint sublime. Pourtant Jésus semblait ajouter l'insulte à l'injure:

"Il n'est pas bien, dit-il, de prendre le pain des enfants et de le jeter aux petits chiens".

La foi eut alors la victoire et contraignit le Christ par sa réponse:

"Oui, Seigneur, dit-elle, mais les petits chiens mangent les miettes qui tombent de la table de leurs maîtres."

Cette femme était prête à prendre la place du chien et à en recevoir la portion. Jésus saisi d'étonnement devant sa foi, lui répondit:

"Femme, ta foi est grande, qu'il te soit fait comme tu veux" (voyez Mat. 15:21-28).

Jésus avait, dès le commencement, l'intention de la bénir si elle persévérait, et c'est ainsi qu'Il vous bénira, vous aussi.

Or, il existe deux classes de gens qui font profession de se consacrer à Dieu; mais en y regardant de près, on constate qu'ils se sont consacrés à un travail spécial plutôt qu'à Dieu Lui-même. Ils occupent la place d'économes dans la maison de Dieu, plutôt que celle d'épouse de Son Fils. Gens d'ordinaire très occupés, ils ont peu d'inclination pour une communion réelle avec Jésus. On pourrait les appeler des *chercheurs de plaisir*. Le bonheur manifeste des chrétiens sanctifiées provient, leur semble-t-il, du fait que ceux-ci ont beaucoup agi et donné. Aussi se mettent-ils à les imiter, à agir et à donner, sans se douter du trésor infini qu'ont reçu ceux qui sont ainsi sanctifiés.

Le secret de celui qui a dit: ". . . Dieu, ma joie et mon allégresse" (Ps. 43:4) et "l'Eternel est mon partage . . ." (Ps. 16:5), leur reste caché; ainsi ne trouvent-ils jamais Dieu. Ils cherchent le bonheur, mais non la sainteté. Ils veulent à peine admettre leur besoin de sainteté, déclarant qu'ils ont toujours fait le bien. Or, ceux-là seuls trouvent Dieu qui recherchent la sainteté, reconnaissant la profonde dépravation et les besoins de leur coeur: "Heureux ceux qui ont faim et soif de la justice, car ils seront rassasiés" (Mat. 5:6). Les gens de cette catégorie sont d'ordinaire de bons vivants, mangeant avec appétit, très sociables, toujours vêtus à la dernière mode,—des épicuriens religieux.

La seconde classe comprend ceux qu'on peut, à juste titre, dénommer *amateurs de souffrances*. Ils cherchent toujours à faire quelque chose de difficile, et croient qu'il est bon d'être perpétuellement à la torture. Semblables aux prêtres de Baal, ils s'infligent des blessures, non pas, il est vrai, à leur corps, mais à leur âme et à leur esprit; ils donnent leurs biens pour nourrir les pauvres, leurs corps pour être brûlé, et cependant cela ne leur sert de rien (1 Cor. 13:3). Leur service ressemble à un esclavage. Ce n'est pas la joie qu'ils recherchent, mais la souffrance. Ils jugent de leur état devant Dieu, non après la joie produite en eux par la présence du Consolateur, qui rend le joug aisé et le fardeau léger, mais selon la souffrance qu'ils sont prêts à endurer ou qu'ils ont déjà endurée. Ils ne se sentent pas heureux et doutent de leur salut s'ils n'accomplissent pas quelque sacrifice qui produise un tourment intérieur. Ils sont morts de mille morts—et ne sont pas cependant morts à eux-mêmes. Leur religion ne consiste point en justice, en paix et joie par le Saint-Esprit (Rom. 14:17), mais plutôt en efforts de volonté et en actes de souffrance.

Ces chrétiens-là ne font pas en réalité de plus grands sacrifices que ceux qui sont sanctifiés; seulement, ils en parlent davantage. N'étant pas morts spirituellement, ils souffrent d'avoir à se soumettre à Dieu, et l'obéissance leur pèse. Leurs épreuves ne surpassent pas non plus celles des chrétiens sanctifiés; mais elles sont d'une nature différente et procèdent d'une autre source. Ils éprouvent de la tristesse en raison des sacrifices qu'ils ont à faire. L'homme sanctifié les considère comme une joie pour l'amour de Jésus, tout en souffrant, lui aussi, car les tristesses et les malheurs de ce monde pèsent sur son coeur et, sans les consolations et le secours de son Sauveur, son coeur se briserait parfois.

Les chrétiens de cette seconde catégorie sont bons et font le bien. Mais ce qui leur manque, c'est la foi qui sanctifie (Ac. 26:18, version *Darby*), cette foi qui, par l'opération du Saint-Esprit, les fera mourir à eux-mêmes, s'évader définitivement de leur misérable condition, et recevoir joie et paix dans leur coeur lassé. Ainsi pourront-ils, en nouveauté de vie, étancher à jamais leur soif en s'abreuvant aux sources d'eau vive, et consentir avec allégresse à tous les sacrifices pour l'amour de Jésus.

C'est donc la sanctification qui nous est nécessaire, que Dieu veut nous accorder, et vers laquelle le Saint-Esprit nous presse. C'est une sorte de foi enfantine, qui reçoit tout ce que Dieu veut donner, un amour parfait qui joyeusement rend à Dieu tout ce qu'il a reçu de Lui;—qui préserve l'âme, d'une part de la paresse et de la langueur de l'Eglise de Laodicée, et de l'autre, du froid esclavage pharisaïque—une foi qui donne paix intérieure et vie spirituelle joyeuse et abondante. L'âme qui possède cette foi est toujours vigilante; elle ne se laisse ni enorgueillir par le succès, ni abattre par les déceptions; elle cesse de se mesurer ou de se comparer aux autres; elle regarde à Jésus, et espère en Lui pour qu'Il réalise pleinement, en temps voulu, toutes les grandes et précieuses promesses de Son amour.

CHAPITRE 27

Des cris de joie!

La louange et les cris d'allégresse sont une source de force et de victoire dont le secret échappe totalement aux gens sages et avisés.

Le diable enveloppe souvent les âmes d'un voile que rien d'autre ne saurait ôter. Il est des âmes honnêtes qui pourraient avancer sur le chemin de la foi avec une liberté parfaite et constante, si elles voulaient seulement regarder le diable en face et s'écrier: "Gloire à Dieu!" au lieu de mener deuil tous les jours de leur vie. Ce voile s'étend parfois sur des auditoires tout entiers. Les regards sont indifférents, insouciants, inquiets, On ne lit dans les yeux ni attention, ni désir. Un calme oppressant, une sérénité de mort plane sur toute l'assemblée. Mais qu'un homme baptisé de l'Esprit, avec un "poids de gloire" dans son âme, vienne et bénisse le Seigneur, et le voile se déchire. Chacun se réveille, se ressaisit, se rappelle où il est, et commence à s'attendre à quelque chose.

Les cris d'allégresse et la louange sont au salut ce que la flamme est au feu. Le feu peut produire une grande chaleur et avoir une réelle utilité sans dégager de flamme; mais, que celle-ci surgisse, il devient irrésistible et balaye tout devant lui. De même, certaines personnes peuvent être excellentes et posséder le salut; néanmoins, c'est seulement lorsqu'elles seront remplies du Saint-Esprit, qu'on les verra louer le Dieu de gloire, à toute heure, en public comme en privé, et que

173

leur salut deviendra irrésistiblement contagieux.

Certes, il y a des chrétiens dont les manifestations bruyantes produisent le même effet qu'une charrette vide cahotant sur des pavés disjoints ou des cartouches tirées à blanc. Leur religion n'est que vains bruits. D'autres, par contre, soupirent après la plénitude de la connaissance de Dieu, Le cherchent dans le secret de leur coeur. Ils désirent ardemment voir Son royaume s'établir avec puissance, plaident avec Lui au nom de Ses promesses. Ils sondent Sa Parole, la méditent jour et nuit jusqu'à ce que la pensée même de Dieu, les grandes vérités spirituelles, les pénètrent, et que leur foi devienne absolue. Le Saint-Esprit descend alors sur eux comme un poids de gloire qui les pousse à la louange, et cette louange porte ses fruits. Parfois, leur cris de joie résonnent comme le crépitement d'une fusillade et tous leurs coups portent.

Un des mes vieux amis de Vermont* me disait, un jour, que, lorsqu'il entre dans un magasin ou une station de chemin de fer, il trouve quelquefois ces lieux remplis de démons et l'atmosphère étouffante jusqu'à ce qu'il ait fait entendre une exclamation de louange. Alors les démons s'enfuient, l'atmosphère est purifiée, la place est à lui, il est maître de la situation, et peut dire et faire ce qu'il juge à propos. La fille aînée† du Fondateur écrivait: "Rien ne remplit d'effroi l'enfer comme une foi agissante, hardie et triomphante." Rien ne peut résister à un homme qui a dans l'âme un vrai chant de louanges. La terre et l'enfer fuient devant lui: le Ciel entier accourt pour l'aider à gagner ses batailles.

Au moment où les armées de Josué poussèrent de grands cris, les murailles de Jéricho s'écroulèrent (Jos. 6:20).

---

*Etat du nord-est des Etats-Unis d'Amérique.

†Catherine Booth-Clibborn, surnommée *la maréchale*. Elle a dirigé l'oeuvre en France, à ses débuts.

Quand les hommes de Josaphat commencèrent "les chants et les louanges, l'Eternel plaça une embuscade contre les fils d'Ammon et de Moab, et ceux de la montagne de Séir . . . Et ils furent battus" (2 Chron. 20:22). Quand Paul et Silas, meurtris, le dos sanglant, priaient et chantaient les louanges de Dieu dans le cachot de l'horrible prison romaine, le Seigneur envoya un tremblement de terre qui ébranla les fondements mêmes de la prison, fit tomber les liens des prisonniers, et convertit le geôlier et toute sa famille (Ac. 16:23-34). Il n'est pas de difficulté qui ne s'évanouisse devant l'homme qui prie et loue son Dieu.

Quand Billy Bray avait besoin de pain, il priait et poussait des cris de joie pour faire comprendre au diable qu'il n'attendait rien de lui, mais qu'il avait en son Père céleste, une parfaite confiance. Quand le Dr Cullis, de Boston, se trouvait sans un sou en caisse, avec de lourdes obligations en perspective, quand il ne savait comment se procurer la nourriture pour son sanatorium, il allait dans son cabinet, lisait la Bible, priait, puis se mettait à arpenter sa chambre, louant Dieu, Lui répétant qu'il voulait croire en Lui, et l'argent affluait de tous les coins du monde. La victoire ne peut bouder un homme qui, ayant ainsi répandu son coeur devant Dieu, ose se confier en Lui et exprimer sa foi par la louange.

Le cri d'allégresse est le point culminant et l'expression la plus élevée de la foi. Quand un pécheur s'approche de Dieu, avec une vraie repentance et un entier abandon, quand il s'en remet complètement à la miséricorde de Dieu, regardant à Jésus seul pour son salut, et saisit par la foi, pleinement et sans crainte, la bénédiction de la justification, la première expression de cette foi sera la confiance et la louange. Sans doute, il en est beaucoup, parmi ceux qui proclament leur justification, qui ne louent jamais Dieu, mais, ou bien ils se trompent, ou leur foi est faible et mêlée de doute et de

crainte. Si elle était parfaite, la louange jaillirait spontané-
ment de leur coeur.

De même pour l'homme justifié qui a compris la sainteté divine, l'immense étendue de Ses commandements,et le
droit absolu de Dieu sur chacune des facultés de son être. Il
a constaté ce qui subsiste en lui d'égoïsme et d'attachement à
la terre. Il a essuyé maints échecs dans sa recherche de la
pureté, soutenu bien des conflits avec sa conscience, et connu bien des hésitations dans sa foi. Alors, il vient à Dieu
pour être sanctifié par le précieux sang du Christ, le baptême
du Saint-Esprit et de feu. Aussi, l'expression finale de la foi
qui saisit résolument et pleinement la bénédiction, sera, non
la supplication, mais la louange et la joie.

Le même fait se produit quand cet homme, sauvé et
sanctifié, voyant les souffrances d'un monde perdu, sentant
la passion sainte de Jésus s'allumer en lui, s'avance pour
combattre "contre les dominations, contre les autorités, contre les princes de ce monde de ténèbres, contre les esprits
méchants dans les lieux célestes" (Eph. 6:12), afin de sauver
les esclaves du péché et de l'enfer. Après avoir demandé avec
larmes au Seigneur une effusion de Son Esprit, après avoir
enseigné et prêché aux hommes, les exhortant à se donner
entièrement à Dieu, après beaucoup de jeûnes, d'épreuves et
de conflits dans lesquels sa foi et sa patience envers d'autres hommes sont devenues parfaites, auront saisi la victoire, sa prière sera transformée en louange, ses pleurs en
cris d'allégresse et une apparente défaite deviendra un triomphe définitif.

Où il y a victoire, il y a chant d'allégresse. Là où il n'y a
pas de chant, la foi et la patience sont dans une période de
déclin ou engagées dans un combat dont l'issue est incer-
taine.

> La foi fait tomber sous nos yeux
> Les plus fortes murailles;

La foi nous rend victorieux
Et gagne les batailles.

La foi nous ouvre les trésors
De la toute-puissance;
Les plus faibles deviennent forts
Sous sa sainte influence.

Du reste, ce qui est vrai dans l'expérience individuelle, s'applique à l'Eglise dans son triomphe définitif; car, après de longues périodes de détresse, de conflit, de fidèle attente et de terribles épreuves, après les intercessions continuelles de Jésus et les soupirs inexprimables de l'Esprit dans le coeur des croyants, l'Eglise arrivera enfin à une foi et une patience parfaites, dans l'unité de l'amour, suivant la prière de Jésus dans le dix-septième chapitre de l'évangile de Jean; alors, "le Seigneur lui-même, à un signal donné, à la voix d'un archange, et au son de la trompette de Dieu, descendra du ciel" (1 Thes. 4:16), et la défaite apparente se changera en une victoire éternelle.

Mais que personne ne se hâte de conclure qu'il faut louer Dieu uniquement sous l'inspiration d'un sentiment de triomphe spirituel. Paul dit: "Nous ne savons pas ce qu'il nous convient de demander dans nos prières. Mais l'Esprit lui-même intercède par des soupirs inexprimables" (Rom. 8:26). Cependant, si un homme refuse de prier tant qu'il n'a pas ressenti cette intercession du Saint-Esprit, dont Jean de la Fléchère dit qu'elle est "comme un Dieu luttant avec un Dieu", il ne priera pas du tout. Nous devons ranimer en nous le don de la prière. Nous devons nous y exercer jusqu'à ce que notre âme soit en agonie, alors nous nous rendrons compte de la force remarquable du Saint-Esprit intercédant en nous.

N'oublions pas que "les esprits des prophètes sont soumis aux prophètes" (1 Cor. 14:32). Il nous faut de même ranimer et développer le don de la louange.

Nous devons y appliquer toute notre volonté. Quand Habakuk, le prophète, eut tout perdu, et qu'il se vit environné de la plus extrême désolation, il s'écria:

> Toutefois, je veux me réjouir en l'Eternel,
> Je veux me réjouir dans le Dieu de mon salut.
> (Habakuk 3:18)

Nous sommes ouvriers avec Dieu, et si nous avons la *volonté* de Le louer, Il veillera à ce que nous en ayons des sujets. Nous avons souvent entendu parler de Daniel qui priait trois fois par jour, mais nous oublions de remarquer qu'il rendait grâce en même temps (Dan. 6:10), ce qui est une manière de louange. David dit: "Sept fois le jour, je te célèbre" (Ps. 119:164). A maintes et maintes reprises, il nous est ordonné de louer Dieu, de Le célébrer à haute voix et de nous réjouir en Lui. Si donc, par crainte ou par honte, l'homme s'y refuse, qu'il ne s'étonne point d'être sans joie et de ne point remporter de victoire décisive.

Mais, pour louer Dieu, Il faut que l'homme se retire seul avec Lui dans le secret de son coeur. Les cris d'allégresse sont-ils autre chose qu'une manifestation de la joie qu'il éprouve à trouver Dieu en lui? C'est pourquoi je dis "seul avec Dieu", en ajoutant "dans son propre coeur", puisque c'est là qu'il se rencontrera en tête-à-tête avec Lui. Alors il louera Dieu pour Ses oeuvres merveilleuses, il Le louera parce qu'Il est digne de louanges, il Le louera, qu'il s'y sente porté ou non, il Le louera dans l'obscurité comme dans la lumière, il Le louera dans les moments de rude combat comme dans les jours de victoire. Il éclatera en chants d'allégresse, et nul ne pourra lui ravir sa joie, car l'Eternel le fera boire à la source du bonheur, et Il sera Lui-même sa joie suprême.

Bien des personnes assaillies par une violente tentation, ou environnées de ténèbres, ont répandu leur âme dans le prière, pour retomber ensuite dans le désespoir. Or, si elles avaient osé, au nom du Seigneur, terminer leur prière par des chants d'allégresse, avec actions de grâce, l'enfer aurait été rempli de confusion, et leur victoire aurait mis toutes les harpes célestes en mouvement et fait tressaillir les anges de joie. Mainte réunion de prière n'a échoué que pour cette raison. On chantait des cantiques, on rendait témoignage, on lisait et expliquait la Bible, on faisait entendre aux pécheurs des paroles d'avertissement, on faisait monter des prières à Dieu, mais personne n'en arrivait au point où l'on pouvait et voulait louer Dieu pour la victoire; et ainsi la bataille était perdue faute de chants d'allégresse.

Dès que nous sommes nés de Dieu et tout au long de notre pèlerinage terrestre, (jusqu'à l'heure où nos yeux s'ouvriront à la vision céleste, où, glorifiés à jamais, nous verrons Jésus tel qu'Il est), nous avons non seulement le droit, mais le *devoir* de nous réjouir. C'est notre plus beau privilège et notre devoir le plus solennel. En le négligeant, nous remplissons les anges de confusion et les démons, dans leur abîme sans fond, d'une joie hideuse et infernale. Louons Dieu, puisque c'est à peu près la seule chose commencée ici-bas que nous continuerons aux cieux. Là-haut, les pleurs, les jeûnes, la prière, le renoncement, l'acceptation des épreuves et la lutte avec l'enfer cesseront, mais la louange à l'Eternel et les alléluias à ''celui qui nous aime, qui nous a délivrés de nos péchés par son sang, et qui a fait de nous un royaume, des sacrificateurs pour Dieu son Père'' (Ap. 1:5-6), résonneront dans le Ciel durant l'éternité! Que l'Eternel et l'Agneau soient bénis dès maintenant et à jamais! Amen!

CHAPITRE 28

Quelques-unes des paroles que Dieu m'a adressées

Nous avons vu que Dieu a parlé à des hommes et qu'ils sont demeurés vivants.

(Deutéronome 5:24)

Dieu n'a pas cessé Ses communications aux hommes une fois le canon de l'Ecriture terminé. Bien que la manière dont Dieu se révèle aujourd'hui puisse avoir quelque peu changé, la révélation n'en reste pas moins un fait joyeusement attesté par toute âme née de l'Esprit. Tous ceux qui, déplorant leur péché, soupirent après la délivrance, tous ceux qui ont faim et soif de justice, découvriront bientôt, comme le firent les Israélites, que "Dieu parle à l'homme".

C'est par des paroles de l'Ecriture que le Seigneur m'a parlé le plus souvent et le plus puissamment. Quelques-unes se présentent à ma vue intérieure et spirituelle comme de merveilleux sommets se détachant sur une vaste plaine. L'Esprit qui dicta aux saints hommes de jadis les paroles de la Bible, m'a rendu capable de les comprendre en me faisant marcher dans les voies qu'ils ont suivies. Il m'a si bien révélé les "choses du Christ" que mon esprit ressent à leur égard autant de satisfaction et de certitude qu'une démonstration mathématique en procurerait à mon intelligence.

Les premières paroles qui vinrent à moi avec cette force divine irrésistible me furent adressées alors que je cherchais la bénédiction d'un coeur pur. Bien que j'eusse faim et soif de cette bénédiction, une indifférrnce totale —une sorte de torpeur spirituelle, m'envahissait parfois et menaçait, comme les vaches maigres de Pharaon, d'engloutir toutes mes saintes aspirations. Je me trouvais dans une grande détresse et ne savais que faire. Cesser de chercher, c'était, je le savais, courir à ma ruine éternelle; mais persévérer dans mon effort semblait hors de question, tant mes désirs et mes sentiments étaient pour ainsi dire paralysés.

> Sur ces entrefaites, je lus, un jour, le verset suivant:
> *Il n'y a personne qui invoque ton nom,*
> *Qui se réveille pour s'attacher à toi.*
> (Esaïe 64:6)

Dieu s'adressait à moi aussi directement qu'à Moïse, du milieu du buisson ardent, ou qu'aux enfants d'Israël du haut de la montagne fumante. C'était pour moi une expérience absolument nouvelle. Cette parole venait comme un reproche à mon incrédulité et à ma coupable indifférence. Cependant, elle me rendit l'espoir et je me dis:

"Par la grâce de Dieu, même si nulle autre personne ne le faisait, je me réveillerai pour Le chercher, quelque sentiment que je puisse éprouver."

Vingt ans se sont écoulés depuis, mais, dès ce moment, sans m'arrêter à mes sentiments, j'ai cherché l'Eternel. Je n'ai pas attendu d'*être* réveillé en mon âme, mais quand cela a été nécessaire, j'ai jeûné, prié en vue de ce but. J'ai souvent répété avec le Psalmiste: "Rends-moi la vie selon ta parole", qu'un renouveau immédiat survienne ou non; je me suis attaché à Lui, je L'ai cherché et,—que Son nom soit béni!—je L'ai trouvé. "Cherchez et vous trouverez".

Ainsi, avant de trouver Dieu dans la plénitude de Son amour et de Sa faveur, il y a des obstacles à écarter, des entraves et "le péché que nous enveloppe si facilement" (Héb. 12:1) à rejeter, le "moi" à vaincre dans la forteresse de ses ambitions et de ses espérances.

Le jeune homme d'aujourd'hui est ambitieux. Il veut devenir ministre s'il suit la carrière politique; millionnaire ou milliardaire s'il est dans les affaires; évêque ou dignitaire s'il entre dans l'Eglise.

La passion dominante de mon âme, celle qui, pendant des années me préoccupa davantage que la recherche de la sainteté ou du Ciel, c'était l'ambition de faire quelque chose, d'être quelqu'un, de gagner l'estime et l'approbation des hommes cultivés et réfléchis. C'est pourquoi, de même qu'en déboîtant la hanche de Jacob, l'ange le rendit infirme pour jamais, de même le Seigneur, pour me sanctifier pleinement et amener "toute pensée captive à l'obéissance de Christ" (2 Cor. 10:5), m'a frappé et humilié dans ce penchant, le plus fort de ma nature.

Pendant plusieurs années, j'ai su, avant que Dieu me l'eût accordée, que la bénédiction de la sainteté était possible. Je priais, mais d'une manière inégale; j'avais faim et soif, mais sans bien me rendre compte de quoi. La sainteté en elle-même me semblait désirable, mais je comprenais en même temps qu'elle m'apporterait la croix et un conflit iné-vitable avec mes semblables, chrétiens, pécheurs, sages ou ignorants. Je sentais d'instinct qu'elle m'obligerait à renon-cer, tout comme Jésus et Paul, à la bonne opinion des hom-mes, et je faisais grand cas de l'estime ou de l'approbation de certains. Pourtant, telle est la perfidie du coeur non sanctifié, que je ne voulais pas m'avouer à moi-même la raison de mes hésitations. Je reconnais maintenant que cette répugnance à prendre la croix fut, pendant des années, l'obstacle à vaincre pour aller vers Celui qui attendait de me sanctifier. Enfin, j'entendis un évangéliste distingué, et un gagneur d'âmes, prêcher un sermon sur le baptême du Saint-Esprit; je me dis alors: "C'est ce qu'il me faut et c'est ce qui me manque! Je dois l'obtenir." Je me mis donc à chercher et à prier dans ce but avec la secrète pensée que je deviendrais ainsi un puissant gagneur d'âmes réputé. Je recherchai ardemment la sainteté; mais Dieu dans Sa miséricorde se voila à moi, éveillant ainsi dans mon coeur la seule crainte de l'Eternel et augmentant, en même temps ma faim spirituelle. Je priai, pleurai, suppliai le Seigneur de me baptiser de l'Esprit et m'étonnai qu'il ne le fît pas, jusqu'au jour où je lus ces paroles de saint Paul: "Que nulle chair ne se glorifie devant Dieu!" (1 Cor. 1:29).

Je compris alors que l'ennemi du Seigneur dans mon coeur c'était le "moi". Je vis que l'idole de mon âme, c'était ce désir passionné, consumant, de gloire, non plus caché et nourri dans les replis du coeur, mais découvert devant le Seigneur comme Agag devant Samuel. Alors ces paroles: "Que nulle chair ne se glorifie devant Dieu" devinrent pour moi l'Epée de l'Esprit qui me transperça de part en part. Elles me montrèrent que je ne pourrais jamais être saint, ni recevoir le baptême de l'Esprit, si je chérissais en secret le désir d'obtenir des honneurs humains, au lieu de rechercher "l'honneur qui vient de Dieu seul". Cette parole agit avec puissance, et dès lors, j'ai cessé de rechercher la gloire de ce monde. Mais plus encore, cette tendance que je portais en moi devait m'être à nouveau révélée pour disparaître définitivement, afin que j'en vienne à désirer de perdre le peu de gloire que je possédais déjà, ou croyais posséder, et à accepter de passer pour "insensé" par amour pour Christ.

L'inclination dominante de la nature charnelle la pousse à chercher sa propre satisfaction; si elle peut l'obtenir d'une manière légitime, tout est bien, sinon, elle veut l'obtenir d'une manière illégitime; or, tout moyen est illégitime qui le serait aux yeux de Jésus. Le chrétien qui n'est pas entièrement sanctifié ne fait pas de propos délibéré ce qu'il juge mauvais, il y est plutôt incité par son coeur pervers. Que survienne la défaite—ce qui, grâce à Dieu, n'arrive pas toujours—et il se rend haïssable à lui-même. C'est d'ailleurs, semble-t-il, le seul moyen par lequel Dieu puisse le convaincre de sa dépravation et de la nécessité d'un coeur pur.

Or, deux fois, je fus ainsi tenté: une fois de tromper à un examen, une autre fois de me servir du plan d'un sermon d'un autre prédicateur. Je me repentis amèrement de la première de ces chutes; quant à la seconde, je confesse qu'elle ne me paraissait pas si grave, puisque tout en conservant le plan du sermon, je l'avais traité à ma manière, et surtout parce qu'il était probablement meilleur que tous ceux que je pourrais préparer. Il était de Finney, et si je m'étais servi de ce plan dans un bon esprit, je crois que je n'aurais pas eu le moindre reproche à m'adresser. Mais la parole de Dieu qui "juge les sentiments et les pensées du coeur" (Héb. 4:12), révéla à mon âme étonnée et humiliée, non seulement la portée et le caractère de cet acte, mais aussi les mobiles qui m'avaient poussé. Le Seigneur me frappa et m'humilia par cet avertissement: *"Si quelqu'un parle, que ce soit comme annonçant les oracles de Dieu; si quelqu'un remplit un ministère, qu'il le remplisse selon la force que Dieu communique"* (1 Pi. 4:11).

En lisant ces lignes, je me sentis aussi vil et coupable que si j'avais volé une grosse somme d'argent. Je commençai alors à comprendre le vrai caractère et la vraie mission du prédicateur et du prophète: c'est-à-dire qu'il est l'envoyé de Dieu et doit, s'il veut Lui plaire, chercher la gloire que Lui seul donne, s'attendre à Dieu dans la prière et sonder Sa Parole jusqu'à ce qu'il reçoive d'En Haut un message direct. Alors seulement il peut parler selon "les oracles de Dieu" et remplir son ministère "selon la force que Dieu communique". Je n'en conclus point qu'il faille mépriser la science humaine, ou ceux qui enseignent en ce monde, quand Dieu est en eux. Mais je compris la valeur sublime et la nécessité absolue de l'inspiration directe, pour tous ceux qui veulent amener des âmes à la justice, et leur indiquer le chemin du Ciel. Je vis que l'homme ne doit pas rester assis indéfiniment aux pieds d'instructeurs humains, se pencher sur des commentaires, étudier les sermons des grands prédicateurs pour chatouiller ensuite agréablement l'oreille des auditeurs par de beaux discours, mériter des applaudissements passagers par des sermons polis et travaillés. Dieu appelle l'homme, au contraire à annoncer la Parole, à s'asseoir aux pieds de Jésus, pour apprendre de Lui, à prier à genoux dans le secret, à étudier l'Ecriture à la lumière directe du Saint-Esprit; à considérer la sainteté de Dieu et la justice de Ses jugements jusqu'à ce qu'il reçoive le pouvoir de réveiller les consciences endormies, suscitant le remords dans les coeurs endurcis et leur inspirant ce cri: "Que ferons-nous?" Je compris qu'il fallait se pénétrer de l'infinie compassion de Dieu, de Son amour manifesté en Christ, l'Agneau immolé, qui nous a rachetés "pour Dieu par son sang" (Ap. 5:9), et qui ôte du coeur le péché dont il détruit les racines aussi bien que le tronc et les branches.

Pour arriver à cette expérience, il faut se repentir et s'abandonner sans réserve à Dieu, dans la foi et dans la confiance. Ayant obtenu la plénitude de cette grâce, nous pourrons consoler ceux qui pleurent, libérer les captifs du péché, proclamer l'année favorable du Seigneur (Esa. 61:1-2).

Cette constatation m'humilia profondément, et je me demandai quelle était la voie à suivre. A la fin, il m'apparut que, tout comme j'avais confessé la faute commise à mon examen, je devais aussi confesser mon plagiat. Ma conscience en fut bouleversée et ébranlée. Je connus des heures d'agonie indescriptible, restant aux prises avec ce problème trois semaines durant. Je discutai en moi-même, plaidant auprès de Dieu afin qu'Il m'indiquât Sa volonté, promettant de la faire, pour retirer ensuite ma promesse. Enfin je m'en ouvris à un ami intime. Il m'assura que mes scrupules ne venaient pas de Dieu, qu'il allait ce soir même prêcher un sermon de réveil en se servant des matériaux recueillis dans celui d'un autre prédicateur. J'enviai sa liberté d'esprit, mais sans en être le moins du monde soulagé. Je ne pouvais m'enfuir loin de mon péché. Comme pour David, il était constamment devant moi.

Un matin, dans cet état d'esprit, je pris un petit traité d'expériences religieuses, lorsqu'en l'ouvrant, le premier sujet sur lequel s'arrêta mon regard fut celui-ci: Confession. J'étais acculé. Avais-je besoin d'une autre lumière? Je désirai la mort et à ce moment mon coeur se brisa. "Les sacrifices qui sont agréables à Dieu, c'est un esprit brisé" (Ps. 51:19), et du plus profond de mon coeur brisé, mon esprit vaincu dit à Dieu: "J'obéirai". Je l'avais auparavant dit des lèvres, je le disais maintenant du coeur. Alors Dieu s'adressa directement à mon âme, non par des paroles écrites, mais par Son Esprit. *"Si nous confessons nos péchées, il est fidèle et juste pour nous les pardonner et pour nous purifier de toute iniquité"* (1 Jn. 1:9). Je connaissais la première partie de ce verset concernant le pardon, mais la suite concernant la purification fut pour moi une révélation. Je ne me souviens pas de l'avoir remarquée ou entendue auparavant. Cette parole agit avec puissance, je courbai la tête, et dis: "Père, je crois". Alors un grand calme descendit dans mon âme et je sus que j'étais purifié. En cet instant, le sang du Christ qui, par un esprit éternel, s'est offert Lui-même sans tache à Dieu, purifia ma conscience des oeuvres mortes, afin que je serve le Dieu vivant (Héb. 9:14).

Dieu n'exigea pas qu'Abraham immolât Isaac; tout ce qu'Il demandait, c'était un coeur obéissant. Ainsi, Il ne me demanda pas de confesser ma faute à mon Eglise. Dès que je fus disposé à accomplir Sa volonté, Il effaça ce sujet de mon esprit et me délivra entièrement de toute crainte servile. Mon "moi", mon idole, s'était enfui. Dieu savait que je ne gardais plus d'interdit; Il remplit mon âme de paix. Il me montra que "Christ est la fin de la loi pour la justification de tous ceux qui croient" (Rom. 10:4), et que toute la volonté de Dieu est résumée comme suit: "En Christ . . . la foi qui est agissante par la charité" (Gal. 5:6).

Peu après, je courus chez un ami au sujet d'un livre que je lui avais emprunté. A l'instant où ses yeux s'arrêtèrent sur moi, Il me dit: "Qu'y a-t-il? Vous est-il arrivé quelque chose?" Mon visage avait déjà témoigné de la purification de mon coeur, mais mes lèvres s'ouvrirent ensuite et n'ont cessé de le faire jusqu'à ce jour.

Le Psalmiste dit:

> J'annonce la justice dans la grande assemblée;
> Voici, je ne ferme pas mes lèvres, Eternel,
> Tu le sais!
> Je ne retiens pas dans mon coeur ta justice,
> Je publie ta vérité et ton salut;
> Je ne cache pas ta bonté et ta fidélité
> Dans la grande assemblée.
> (Psaume 40:10-11)

Satan hait un témoignage de sainteté, et ici, il faillit me faire tomber dans un piège. Je sentais que je devais prêcher dans ce sens, mais je redoutais l'opposition que cela provoquerait. Je craignais de déclarer en public que j'étais sanctifié, de peur de faire plus de mal que de bien; je n'entrevoyais que blâmes et reproches. La gloire qui devait en résulter pour mon âme était cachée à mes yeux. De beaux sermons fleuris, parlant à l'imagination, faisant appel à l'émotion et suggérant aussi quelques pensées habilement dosées pour assurer un harmonieux équilibre à l'ensemble, étaient alors mon idéal. J'hésitais à en venir à ces simples entretiens dépouillés de toute recherche, qui, s'adressant au coeur, saisissent la conscience de l'homme et font de lui un saint, ou alors le transforment en un ennemi aussi implacable que les Pharisiens le furent pour Jésus, ou les Juifs pour Paul. Mais, j'avais promis à Dieu, avant de recevoir la sanctification, que si je faisais cette expérience, je l'annoncerais immédiatement. Je reçus la sanctification un vendredi et je résolus d'en faire le sujet de mon sermon du dimanche suivant. Mais j'étais faible et hésitant. Le samedi matin, cependant, je rencontrai dans la rue un cocher qui avait reçu la bénédiction d'un coeur pur; il en était enthousiasmé. Je lui dis ce que Dieu avait fait pour moi. Il poussa des cris d'allégresse et loua Dieu, disant:

—Allez, frère Brengle, proclamez-le bien haut. L'Eglise attend cela désespérément.

Nous traversâmes ensuite Boston Common et les jardins nous entretenant de ce sujet; mon coeur brûlait au dedans de moi comme celui des disciples sur le chemin d'Emmaüs. Dans le fond de mon âme, je liai mon sort à celui de Jésus crucifié, résolu, à prêcher la sainteté, quitte à être banni de la chaire et à devenir la risée de toutes mes connaissances. Alors je me sentis fort.

Le moyen de devenir fort c'est de disparaître soi-même derrière Jésus.

Le lendemain, je me mis en route pour mon église et je prêchai, dans la mesure où me la permettait mon expérience de deux jours seulement, sur ce texte: "Tendons à ce qui est parfait" (Héb. 6:1). Je terminai par le récit de mon expérience; des coeurs furent brisés et des larmes coulèrent. Quelques personnes s'approchèrent ensuite de moi, désireuses elles aussi de faire cette expérience, et—Dieu soit loué!—plusieurs reçurent la bénédiction. Je ne savais pas ce que je faisais ce matin-là, mais le compris dans la suite. J'avais brûlé mes vaisseaux et coupé tout pont derrière moi. Je me trouvais maintenant en pays ennemi, engagé dans une guerre absolue d'extermination de tout péché. Je m'étais déclaré devant le ciel, la terre et l'enfer. Anges, hommes et démons avaient entendu mon témoignage: il s'agissait d'aller de l'avant, ou de reculer ignominieusement à la face d'un ennemi railleur. Je comprends maintenant la divine philosophie qui nous ordonne non seulement de croire à la justice, mais de la confesser de la bouche, afin de parvenir au salut. C'est Dieu qui m'a conduit dans ces voies-là; aucun homme ne m'en a instruit.

Dorénavant, je marchai paisiblement avec Dieu, ne désirant que Sa volonté, et comptant sur Lui pour me garder constamment. J'ignorais s'Il tenait en réserve quelque chose de mieux pour moi; mais avec la grâce de Dieu, je comptais garder ce que j'avais acquis en faisant Sa volonté telle qu'Il me l'avait fait connaître, et en me confiant à Lui de tout mon coeur.

Cependant, Dieu avait en vue de plus grandes choses encore pour mon âme. Le mardi suivant, alors que je venais de me lever, le coeur plein du désir de m'approcher de Dieu, je lus ces mots de Jésus à Marthe, soeur de Lazare: *"Je suis la résurrection et la vie. Celui qui croit en moi vivra quand même il serait mort; et quiconque vit et croit en moi ne mourra jamais. Crois-tu cela?"* (Jn. 11:25-26). Le Saint-Esprit, le Consolateur, venait avec ces paroles. A l'instant mon âme se fondit devant le Seigneur, comme la cire au feu, et je reconnus Jésus. Il s'était révélé à moi comme Il l'avait promis, et je L'aimais d'un amour inexprimable. Je pleurai, j'adorai, j'aimai d'un amour sans mesure. J'allai, avant déjeuner, faire une promenade,—pleurant, adorant, aimant. Que fera-t-on au Ciel? Je n'en sais rien. Mais il est certain que nos occupations correspondront à nos capacités et à nos forces de créatures rachetées—quoi qu'il en soit, je sus alors que, s'il m'était accordé d'être prosterné aux pieds de Jésus durant toute l'éternité pour L'aimer et L'adorer, je serais satisfait. Mon âme avait trouvé ce qu'elle cherchait; elle était satisfaite, satisfaite, satisfaite!

Cette expérience décida de mon avenir au point de vue théologique. Dès lors, hommes et démons pourraient aussi bien m'amener à discuter la présence du soleil dans le ciel que l'existance de Dieu, la divinité de Jésus et le pouvoir sanctifiant du Saint-Esprit omnipotent, omniprésent. Que la Bible soit la Parole de Dieu, j'en ai la certitude autant que de ma propre existence; le Ciel et l'enfer sont pour moi des réalités tout comme le jour et la nuit, l'hiver et l'été, le bien et le mal. Je sens la puissance du monde à venir et la félicité du Ciel dans mon âme. Gloire à Dieu!

Plusieurs années se sont écoulées depuis la venue du Consolateur, mais Il continue à habiter en moi. Il n'a pas cessé de me parler. Il a embrasé mon âme qui, semblable au buisson ardent contemplé par Moïse en Horeb, ne s'est point consumée.

A tous ceux qui désirent faire cette expérience, je dis ceci: "Demandez et l'on vous donnera". Si elle ne vient pas en réponse à la prière, "Cherchez et vous trouverez". Qu'elle tarde encore, "frappez et l'on vous ouvrira". En d'autres termes, cherchez de tout votre coeur jusqu'à ce que vous ayez trouvé, et *alors, à l'heure même, là où vous vous trouverez maintenant,* vous trouverez Dieu. "Ne sois pas incrédule, mais crois" (Jn. 20:27). "Si vous ne croyez pas, vous ne subsisterez pas" (Esa. 7:9).

Je ne me considère point à l'abri de toute chute. Je sais que je reste debout par la foi et doit veiller et prier de peur d'être induit en tentation et de tomber. Cependant, en considérant la bonté et l'amour merveilleux de Dieu envers moi, Sa tendre miséricorde, je chante comme l'apôtre Jude (v. 24-25):

"Or, à celui qui peut vous préserver de toute chute et vous faire paraître devant sa gloire irrépréhensibles et dans l'allégresse, à Dieu seul, notre Sauveur, par Jésus-Christ notre Seigneur, soient gloire, majesté, force et puissance, dès avant tous les temps, et maintenant, et dans tous les siècles! Amen!"

TABLE DES MATIÈRES

www.ingramcontent.com/pod-product-compliance
Lightning Source LLC
Chambersburg PA
CBHW031956040426
42448CB00006B/383